Xiaoxue Biaodaxing
Tuanti Xinli Fudao

小学表达性
团体心理辅导

郭 斐 李 妮 编著

全国百佳图书出版单位
时代出版传媒股份有限公司
黄 山 书 社

图书在版编目(CIP)数据

小学表达性团体心理辅导 / 郭斐　李妮编著. —合肥:黄山书社,2013.11

ISBN 978-7-5461-3965-4

Ⅰ.①小…　Ⅱ.①郭…　②李…　Ⅲ.①小学生-心理健康-健康教育
Ⅳ.①G479

中国版本图书馆 CIP 数据核字(2013)第 271093 号

小学表达性团体心理辅导　　敦　斐　李　妮　主编

出 版 人　任耕耘
责任编辑　韩开元
装帧设计　牛倪锂

出版发行　时代出版传媒股份有限公司(http://www.press-mart.com)
黄山书社(http://www.hsbook.cn)
官方直营书店(http://www.hsbook.taobao.com)
营销部电话:0551-63533762　63533768
(合肥市政务文化新区翡翠路 1118 号出版传媒广场 7 层 邮编:230071)
经　　销　新华书店
印　　制　合肥创新印务有限公司

开本　710×1000　1/16　　印张　12.5　　字数　400 千
版次　2013 年 11 月第 1 版　　印次　2013 年 11 月第 1 次印刷
书号　978-7-5461-3964-7　　定价　25.00 元

中华经典诵读

韵律操

注意力训练

创意手工体验

序

让我为这样一本著作写序，我感到诚惶诚恐，我在大学工作实在是对小学教育不甚了解，但是看到郭斐已经把我们共同学习的有关心理治疗的理论、技术与实践结合，并有了这样的成果，我为她高兴，也觉得是非常重要的事情，很愿意为此写几句。

我和郭斐一直在跟随美籍华裔心理学家龚鉥博士学习易术心理剧（易术表达性心理治疗）的理论与技术。在训练团体中我们得到了疗愈和成长，同时学习了西方表达性心理治疗理论和技术的精髓，以及中医中关于身心疗养的知识。中西方心理治疗理论和技术的融会贯通，灵活运用是易术的独到之处，也是我们准备跟随老师继续研究和发展的方向。郭斐把她的所学和小学心理健康教育实践结合，并且总结提升编著了这本书，我和同学们要向她学习。

我觉得这本书很适合中国的小学。首先，本书注重实操性，根据小学生的发展阶段突出不同的辅导主题，同时重点介绍了辅导的规则和流程，让辅导老师很容易学习和使用有关技术，而不是非要接受过专业训练的心理咨询师才能做相关的工作，对于普及小学心理健康教育，提高辅导质量和覆盖面意义非凡。其次，本书体现了本土化，中国超过5000 年的文明传承给了我们宝贵的精神财富，蕴藏在历代经典中的心理咨询与治疗的理论和技术亦是如此，只是在整体观的中国哲学思想下强调身心一体，让现代人容易误解中国古代没有心理学，如今把这些古老的智慧运用到小学心理辅导领域是如此富有意义，也激励同行在本土化的领域加强研究，重拾民族自信。最后，本书突出了表达性，绘画、舞蹈、心理剧等都是表达性心理治疗常用的技术，这些技术最大的优点是便于让学生在不同形式的表达过程中释放压抑的情绪能量，得到领悟和成长，从而协调身心的平衡和健康，表达性的方式让孩子们更容易接受，好玩又有效果，非常适合如今压力和焦虑越来越大的学生群体。

孩子是未来和希望，虽说创新和活力是孩子的天性，但是我看到越来越多的孩子脸上失去了天真无邪的笑容，为此心里有种说不出的惆怅和无奈。只有拥有健康的身心才会有自发性和创造力，才会有未来国家的创新人才和栋梁。这本书可以理解为我们的一位从事小学心理健康教育工作的同行在为此努力！向她致敬！

王尔东

2013 年秋于苏州大学

幸福每一个学生

准确地说,幸福课是由江南大学的沈贵鹏教授于2003年引入中国的,今年刚好十年了,幸福课已经风靡全国。然而,虽然有一些学校心理老师在尝试将幸福课理念引入中小学心理健康教育课程,但是也仅仅是停留在不成体系的零星尝试。最近,有幸看到一群同行不仅在积极探索小学幸福课,而且还形成了一套系统化的教材,名曰《小学表达性团体心理辅导》。

细看全书,不得不佩服编者们的探索精神,一个最深的感受就是这套教材融入中国传统文化、中医、体验式团体辅导、表达性心理治疗技术于一体,是一套难得的中国本土化积极心理健康教育教材。尤其是全套教材的每一课都围绕幸福课这一理念,精心设计贴近学生身心特点的团体心理辅导活动,通过情绪管理、感统训练、环境适应等部分,根据中医五行的调节机制、制化规律、胜复规律等为原理基础进行辅导,是一本中小学教师不可或缺的学生辅导工具书。

统看全书的框架,我再次回想起成龙、杨利伟、邓亚萍、郎朗、于丹、张译、撒贝宁、王小丫、董卿等社会知名人士在2011年9月1日央视大型公益活动《开学第一课》现场,隆重向全社会发布的《中国少年儿童幸福成长宣言》:

成长——我要成长,快乐健康成长比成绩更重要。

乐观——我要乐观,每天发现一件新的美好事情,学会对压力说没关系。

自信——我要自信，相信并发现自己独特的价值。

超越——我要超越，只跟自己比，超越自己就是赢。

感恩——我要感恩，珍惜身边人、身边事，每天想三个值得感激的理由。

分享——我要分享，就像生日蛋糕，和你一起分享的人越多，快乐越多。

宽容——我要宽容，原谅别人的无心之过。

沟通——我要沟通，把自己的心事说出来，也做别人的开心果。

关爱——我要关爱，和长辈交朋友，和同伴交朋友，和动物交朋友，和自然交朋友。

赞美——我要赞美，帮助别人发现优点，也通过别人发现自己的优点。

努力——我要努力，付出的汗水越多，得到的幸福越多。

奉献——我要奉献，帮助别人能让自己更快乐。

期待同行们以此书为起点，上出最具特色的小学版幸福课。

期待同学们在老师的带领下体验最幸福的童年时光。

袁章奎

2013 年 10 月

序

一直想把自己多年来在心理健康教育一线的实践经验和感受写下来,分享给正在此道路上努力探索和奋力拼搏的心理教育同行们,经过反复整理、精心雕琢、数次磨课、调研回访,在与李妮老师的合作下,此书终于问世。

本书是融中国传统文化、中医、体验式团体辅导、表达性心理治疗技术等于一体的中国本土化心理健康教育书籍。在中国传统中医中"人"被视为一个整体,中医没有心理这部分,中医治疗的是整个人,重视治疗情绪,而情绪是心理的议题。中医根据金木水火土五行的理论,以情治情。五行又分别与五脏六腑有关(五脏是心、肝、脾、肺、肾,六腑是大肠、胆、胃、膀胱、小肠与三焦),故《黄帝内经》有"怒伤肝、喜伤心、忧伤肺、思伤脾、恐伤肾"的记载。本书团体心理辅导在情绪管理、感统训练、环境适应等部分根据中医五行的调节机制、制化规律、胜复规律等为原理基础进行教授与辅导。

此书从成形到出版得到了很多老师和朋友的大力支持、启发和指导。首先最要感谢的是龚鉥博士,我初次接触的团体治疗课程就是龚鉥老师的表达性易术。龚老师的独特个人魅力,所带团体的震撼效果,团体治疗的神奇力量等等都带给了我无法形容的巨大的收获和启发。

现已八十高龄的龚鉥博士依然不顾疲惫地常年奔波于世界各国讲学,传播中国传统文化的心理学,将中国的传统文化瑰宝展示于国际心理学舞台，从龚老师身上我学习的不仅仅是专业的心理学知识，更学会了怎样做一个傲挺胸脊的中国人！

如今中国在很多学术领域都受到了西方的很大影响，而我们中国沉淀了几千年的文化宝藏更应合理地融入到现代社会的各个领域。为此，我们致力于以中国传统特色文化为基础，辅助融入西方先进的教育学、心理学理念、知识、技能，打造具有中国特色的本土化心理健康教育和团体辅导。我们后期会有系列相关心理健康教育丛书，您将会从中更多地看到我们中国的传统国学、中医、中国表达性艺术疗法等知识、技术和理念。

此外，还感谢在编著过程中给予指导的赵小明老师（也是我音乐治疗的启蒙老师），感谢张承、张再红、王尔东、兰孝松等诸位良师益友，在心理学的成长道路上多年来一直给予我的大力支持与督学。

郭　斐

2013 年秋于青岛

目 录

三年级　我爱学校温暖的家

四年级　我是独一无二的

五年级　心怀感恩

六年级　快乐六年级

拓展课程资料库

一年级　幸福上学路

一年级辅导说明 > > > >

本年级课程内容将采用心理学中的故事疗法、绘画辅导等系列表达性教育方式，这些教育方法非常适用于低龄化小学生。对于低年级的小学生，语言的教育是苍白无力的，利用他们对故事、绘画、音乐、扮演的兴趣，在故事中进行渗透教育引导是非常有效的教育方式。本课程已配好相关课件、音频、视频等资料，附于光盘中。

辅导设计意图 > > > >

一年级学生处于幼小衔接的校园生活适应阶段，笔者每年都会通过家长沙龙、家长问卷、学生问卷等方式对一年级新生进行心理摸底调查，发现很多孩子在适应阶段都会存在睡眠不良、情绪烦躁、食欲不振等状况，故设计此系列课程内容，通过具体指导、团体心理辅导、绘画辅导等专业心理辅导技术，帮助学生适应小学校园生活，对于适应性困难较重的学生由专业心理老师给予该生进一步帮助，超出学校心理教师辅导范围的学生要转介到专业的心理咨询机构。

辅导目标 > > > >

（一）通过学校环境的情况介绍，让一年级的新生对校园生活有个形象的了解和愉快的印象，为今后顺利适应小学生活打下良好的基础。

（二）引导学生明确上学有很多好处，例如能结交很多新朋友，学习很多知识，学校老师非常亲切和蔼等，进一步增强学生的学习动力和上学热情。

（三）通过感觉统合训练增强儿童的体质，发展儿童的智力，并有助于儿童获得良好的情绪体验，培养其良好的社会适应能力。

第一课　学校幸福园

辅导目标

1. 通过参观，熟悉校园，以尽快适应环境。

2. 熟悉功能室、课堂的位置，培养热爱校园的情感。

3. 接受新环境，快乐成长。

辅导时间　1课时

活动准备　校园相关照片、课件、白纸、彩笔。

辅导过程

一、美丽校园的印象

1. 老师领我们参观校园。

老师组织好学生排好队伍，带领他们绕校园走一圈，边走边介绍各功能室。

2. 欣赏：学校概貌、各功能室图片。

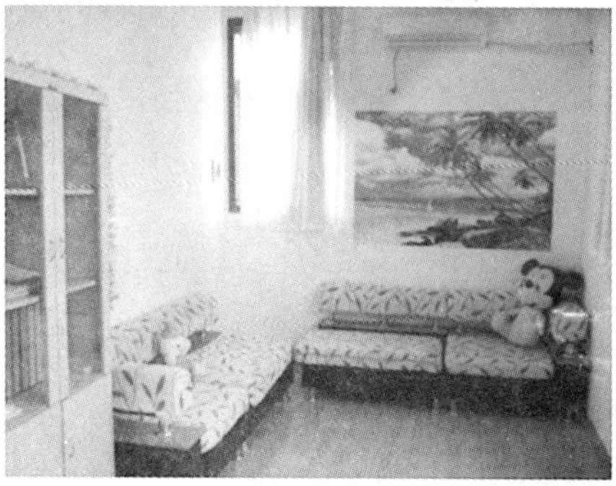

3. 丰富多彩的校园生活。

二、手绘我校园

1. 动手画一画：我最喜爱的校园一角。

2. 说一说。

我们的教室在________楼，活动室在________楼，

音乐室在________楼，舞蹈室在________楼，

少先队大队部在________楼，图书室在________楼，

学校心理辅导室在________楼……

三、结束部分

学生谈感受，激发他们爱校热情。

我们的学校真漂亮，有那么多的活动室。小朋友，你喜欢我们的学校吗？以后我们在这里学习、在这里成长，你有什么打算呢？

辅导反馈

第二课　幸福校园新生活

辅导目标

1. 通过与幼儿园对比，让学生更好地了解、熟悉和适应学校新环境。

2. 让学生认识到自己长大了,成为小学生是一件自豪的事情。

辅导时间 1课时

活动准备 图画本、彩笔、幼儿园照片。

辅导过程

一、暖身:开心跳一跳

活动规则:学生根据教师的指令做出相应动作。

教　　师:开心的男生跳一跳。(让学生每次跳2下即可,然后立刻坐下。)

漂亮的女生跳一跳。

光荣的小学生跳一跳。

穿运动鞋的同学跳一跳。

戴眼镜的同学跳一跳。

团结互助的同学跳一跳。

二、小学校园好处多

(一)我的新学校

小学校园与幼儿园比(好的地方);

更大、更漂亮的教室;

很多和蔼可亲的老师;

丰富多彩的专用教室;

运动场好大,还有很多好玩的器械,如爬杆、双杠……

活动提示:我是一年级小学生了。

(二)我比去年更快乐

说说我与去年相比有什么不同的地方:

1. 我长高了;

2. 我体重增加了;

3. 我又长了一岁;

4. 我是________学校一年级的小学生了!

活动提示:成为小学生是一件很自豪的事情。

三、找一找

找到以下场景的乐趣:上课、下课、做作业等。

上课的乐趣:

1. 可以收获很多新知识;

2. 可以得到小红花或其他奖品;

3. 可以听老师讲有意思的故事或经历。

下课的乐趣:

1. 和同学做游戏;

2. 聊聊生活中的趣闻;

3. 休息一下。

做作业的乐趣:

1. 能够让课堂所学的新知识记忆更巩固;

2. 认真书写能够练成漂亮的字。

四、总结

我们已经是小学生了,和幼儿园时期不一样了,已经长大了,可以自己处理很多事情了,也可以帮父母做很多的事情,是个小大人了。在学校能够学到很多知识,能够让我们变得更聪明,能够学会很多新本领,我们可开心了,非常高兴成为光荣的小学生。

辅导反馈

第三课 我的新朋友

辅导目标

1. 使学生明确上学能结识新老师、新同学，在新的环境中建立和发展新的人际关系。

2. 增加学生对班级同学的情感，促进学生对班级的归属感。

3. 营造班级温馨、安全、温暖的氛围，使学生把班级当作第二个家。

辅导时间 1课时

活动准备 A4纸、背景音乐、宽敞的室内活动空间、彩笔、透明胶。

辅导过程

一、认识新朋友

1. 在班级内任意找一个你印象最好的小朋友，主动上去自我介绍（自己的姓名、爱好、喜欢吃的食物等），和对方交朋友。（背景乐1－3）

2. 两分钟后，两个介绍完的人，再找另外两个介绍完的人，组成一个4人小组，再次相互介绍，让4个人都认识彼此。

3. 四分钟后，4人小组和另外的4人小组组合成为8人小组，继续相互介绍认识。

4. 五分钟后，8人小组和另外的8人小组组合成为16人小组，继续相互介绍认识。

5. 全班围圈，逐一自我介绍。

6. 在刚才认识新朋友的过程中，你印象最深的是哪个小朋友？你最想作为好朋友的是谁？为什么？

二、自我画画像

1. A4纸对折，在纸张左面画自画像。画完后，将纸张贴于教室内教师指定区域。

2. 在接下来的日子中，如果学生希望和谁交朋友，就在 A4 纸右边的空白区域写上自己的名字。（教师提醒“朋友交往规则”：团结互助，热情友好，诚实善良等。）

3. 教师带领学生分别于 1 个星期后、2 个星期后、1 个月后总结、统计每个人的交友数量，以及学生之间团结互助的优秀范例等。

三、课堂总结

辅导反馈

第四课　学习趣味多

辅导目标

1. 引导学生发现学习的乐趣。

2. 培养学生学习的兴趣。

3. 帮助学生进一步适应校园学习新环境，从而更快乐地成长。

辅导时间　1 课时

活动准备 有特长和优秀作品的学生，将作品或相关资料带到学校。

辅导过程

一、学习大展台

1. 课前让学生做好准备，把自己平时最感兴趣、最拿手的作品（可以是小制作、绘画、书法等成果，也可以是唱歌、跳舞、踢球等技能）向同学展示。

2. 活动时让学生向全班同学展示自己的作品或表演各种技能。

3. 将全班分成若干小组，每组5～6人，让展示者谈谈为什么会对此感兴趣。

4. 小组推选代表向全班总结、交流情况。

二、认真学习好处多

1. 学生介绍自己的特长学习经历。（虽然有时辛苦，但是学有所成后很幸福，且好处多多。）

2. 让学生谈谈自己喜欢学习的原因。（以往课程中学生的回答。）

（1）我懂得更多的知识；

（2）我变得更聪明；

（3）我的学习成绩很好；

（4）老师讲课很生动；

（5）老师经常在课堂表扬我；

（6）父母夸奖我；

（7）我知道学习很重要；

（8）其他。

三、校园中的快乐书屋

学校是一个知识的海洋，所有的学科都有不同的特点，都会让我们增长不同的本领，都会让我们变得更强壮，最终会让我们成为智慧小超人，所以我们一定要抓住这个好机会噢！

1. 找出下面各门课程中有趣的学习内容。

2. 学生交流自己发现的课程学习中有趣味的地方。

辅导反馈

第五课　礼貌的力量

辅导目标

1. 教育学生从小养成懂礼貌、讲文明的好习惯。

2. 教育学生从小会使用礼貌用语。

辅导时间　1 课时

活动准备 课件、背景音乐。

辅导过程

1. 谜语。

稀奇真稀奇,像马不能骑,肥头肥脑大嘴巴,总爱呆在河水里。(河马)

2. 说一说。

如果有一只河马挡住了你前行的道路,并且它能听懂你的话,你会用什么办法继续前行?

3. 教师讲绘本故事《你别想让河马走开》。(背景乐1-5)

4. 思考。

(1)狮子、猴子、疣猪分别都用了什么办法让河马走开?都成功了吗?

(2)小老鼠是怎样让河马走开的?

5. 交流。

生活中我们也经常会遇到类似的情况,如看到别的小朋友在玩玩具你也想玩,你会怎么做?你忘记带学习用具了怎么办……

6. 礼貌言行大演练。

模拟生活中各种常见情景,学生礼貌应对。

7. 课堂总结。

在生活中,我们总会和许许多多的人打交道,而在这个过程中,我们需要讲礼貌,友善地对待他人。希望他人做某件事情的时候,我们需要说“请”;对他人表示感谢,需要说“谢谢”;向他人道歉,需要说“对不起”;接受他人的道歉,需要说“没关系”。这些都是礼貌用语,请记住它们吧,我们会常常用到它们的。礼貌待人是尊重他人,同时,我们自己也能够获得别人的尊重!同学们,你觉得自己是一个讲礼貌的小朋友吗?那么从现在开始一定要记住礼貌待人、尊重他人,它会让你拥有更多的朋友、更大的力量。

辅导反馈

第六课　和月亮说晚安

辅导目标

引导学生正确看待、处理自己的噩梦，保障睡眠质量。噩梦的原因来自多方面，一年级的孩子对校园生活不适应、学习压力、人际关系陌生等因素都会让学生产生紧张、焦虑的情绪，从而在睡眠中通过潜意识梦境得以显示。本课将引导学生调整心态，让学生知道做噩梦是很正常的，人人都有做噩梦的时候，大人也不例外，引导学生以轻松的心态对待噩梦。此外课程中将教会学生一些科学实用的小技巧来有效帮助学生睡眠。对于经常性、顽固性噩梦的孩子，教师应推荐其进行专业的心理辅导和咨询。

辅导时间　2 课时

活动准备　课件、A4 纸、彩笔。

辅导过程

1. 教师讲绘本故事。(播放课件)

【故事大意】

小星最近经常梦到怪兽,好多天都被吓醒。小星不知该怎么办,跑去问表哥,主意多的表哥教给小星一个制造神奇按钮的方法。怪兽果然被消灭了,那一夜小星睡得非常放心……

2. 畅所欲言。

(1)教师深入了解。

你做过噩梦吗?梦到了什么?

你以前是怎么对待自己可怕的梦的?

听了小星的故事,你有什么想法?

(2)引导学生尽量多的畅谈想法。(引导学生说出来,本身就是宣泄负面情绪。)

(3)画出你曾经做过的最害怕的梦。(有的学生画的是自己最怕的怪物、事物,甚至人等,有的学生画的是梦中场景。)

(4)教师课件出示一个丑陋的怪物图片,引导学生发挥想象力,一起找出图片中怪物的滑稽、可笑的地方。学生一边说,教师一边在图片上画。(此环节设计目的是将学生的噩梦转化为一个笑话或一个趣味话题,引导学生用另一个视角轻松、趣味看待自己的噩梦,从而化解恐惧心理。)

(5)学生给自己的画添加“开心剂”。(在上一环节结束后,此时班级氛围会非常轻松、愉快,在此基础上,让学生给原先令自己恐惧的梦境画面添加笑料,戏看、喜看曾让自己害怕的梦,进一步化解恐惧。)

(6)小组内分享自己的趣味梦画。

(备注:每一个人都要充分交流分享!此为绘画辅导部分的完形辅导。)

3. 心理巩固训练。

(1)教师带领学生做消除恐惧焦虑负性情绪的心理训练。

【训练方法】

双手放于胯部,双脚左右分开,与自己肩膀同宽的距离,脚底平稳地站在地面上,双腿屈曲成半蹲,先做深呼吸,然后从下丹田发出"哈!"的声音,连续发声训练几次后,加入"哈!我不怕你!"(这个练习能让学生增添力量,同时也表达了自己的负性情绪并打通经络。具体注解附后。)

(活动意图:释放旧有的恐惧情绪,树立自信,建立勇气,勇敢面对以后的噩梦。)

教师:经过刚才的练习后,你现在的感觉如何?

(2)教学生应对噩梦的具体方法,也可参照故事中的方法。

学生对教师所授方法进行巩固练习。

4. 总结巩固。

(1)教师小结。

做噩梦是很正常的现象。我们生活中经常会遇到一些事情,让我们产生伤心、难过、愤怒等情绪,这些情绪在梦中就会变身为怪兽等可怕的事物,它们并不是真实存在的!所以我们不用怕它。只要勇敢面对,它就会消失了。

(2)今天你有什么收获?如果你周围的人做噩梦,你会怎样帮助他?(让学生畅谈。)

5. 辅导跟踪及反馈。

半个月到一个月期间,通过问卷、谈话等形式对学生进行跟踪调查,了解学生睡眠情况,对于做噩梦的学生,个别访谈,并给予指导和帮助。

【注释】

1."丹田"字面解释为精华所在。为储藏精气神的地方,有三处:上丹田位于两眉间,为藏神之府;中丹田位于胸部,与气、脉及声相关;下丹田位于脐后下方，为藏精之府。

2. 惊恐使肾气下降并散掉。《黄帝内经》云：长期的恐惧会影响肾的功能，肾亏会使骨、听觉、脑髓与生殖系统的功能失常，也会影响到膀胱。有一些孩子在遇到新环境不适应、考前焦虑、强负荷压力状况下会经常有噩梦、尿床的现象，原因即如此。这样的生理功能紊乱的临床表现成人也会出现，原理是一样的。

3. 过度的害怕会变为愤怒，愤怒可用悲哀的情绪去克制它。

【补充资料】

小儿中医推拿治疗噩梦

中医认为梦魇症是由于气血两虚，气滞血淤，凝阻经脉导致心脑缺血引起的。现代医学也证明心脑缺血，供氧减少的话，就会影响大脑皮层的活动。讲究在治疗上应先注意加强营养，增强体质，防止过度疲劳。所以小儿梦魇，也可先于手穴和脚穴治疗。

选合谷、商丘、太冲、窍阴进行按揉，每穴三分钟即可。然后用火柴棒按压小儿左手上的头顶点、后头点、心、肾、肝几个穴位，每个点三分钟左右就可以了。

耳穴按压法：取耳廓上神门、肾、肝、心、皮质下、枕骨，用火柴棒进行按压，每穴二到三分钟，每天晚上临睡前一次即可。连压一周，小儿梦魇便能消失。选择神门和皮质下穴位可以治疗失眠、多梦、心烦。按压肾、心、肝相对应的穴位可以调节神经衰弱。

梦魇在儿童中比较常见，多发生在3～7岁的儿童身上，但是这种事情是可以避免的。我们尽量不要给孩子看恐怖片，或是讲恐怖故事。另外，如果睡姿不当的话也会出现梦魇，毯子不要盖住鼻子或压到胸口，这样会让孩子呼吸不畅，也不要睡前太饥或吃太饱。

——摘自《周尔晋小儿推拿》

第七课　感统训练:注意力辅导

辅导目标

第一,感觉统合训练有利于增强儿童的体质。

第二,感觉统合训练可以发展儿童的智力。

第三,感觉统合教育对儿童心理发展有积极影响。

(一)有助于培养儿童愉悦的心情,使儿童获得良好的情绪体验。

(二)促使儿童注意力集中。

(三)感觉统合训练有助于特殊儿童建立自信。

第四,提高幼儿的语言能力。

第五,培养儿童勇敢顽强、克服困难、超越自我的意志品质。

第六,培养儿童竞争、团结、协作的社会意识,培养幼儿良好的社会适应能力。

设计意图

注意力不集中,对学生的影响巨大,不及时进行改善或治疗,会耽误孩子学习文化知识的黄金时间。主要表现为上课不能专心听讲,易受环境干扰而分心;做作业不能全神贯注,拖拉;注意力不集中分为听觉刺激或视觉刺激不专心,有的则对两种刺激都不关心。在感统方面则表现为视觉感不良或听觉感不良。前庭平衡也是一项重要的原因,在训练视听感觉时,同时还要注意前庭平衡的训练,从而更好地改善学生注意力不集中,丢三落四的问题。

辅导时间　根据学校实际教学情况而定,建议对学生进行定期连续性训练辅导。

活动准备　宽敞明亮的室内运动场所,舒缓的音乐。

辅导过程

1. 注意力不集中在感统失调方面的表现。

视觉感不良:虽然有的学生能够长时间的看动画片,玩电动玩具,写字时却总出现跳字,有时常常抄错题。

听觉感不良:对别人的话听而不闻,丢三落四,经常忘记老师的话和留的作业。

前庭平衡功能失常:上课不专心,注意力不集中,容易违反课堂纪律。

2. 注意力不集中的原因。

(1)听觉或视觉障碍的学生会被误以为不注意听或视若无睹。

(2)前庭平衡功能失常,注意力不集中,上课不专心。

(3)为了引起他人注意,或逃避父母给予的过重负担,下意识地通过一些行为来躲避。

3. 如何进行听视觉训练。

在做好前期心理咨询后,配合前庭平衡训练,从视觉、听觉、触觉三个方面来对孩子进行感官灵敏度的训练,进而提升注意力。

【训练方法】

利用一些孩子感兴趣的小游戏来提升注意力的方法。

(1)拼图及七巧板练习。

(2)传话游戏。

(3)听口令做动作。

(4)多米诺骨牌练习(人体多米诺活动)。

(5)"人体复印机"活动。(用身体语言传递教师给予的指令,并进行小组间竞赛。)

(活动意图:触觉的敏锐度会影响孩子的注意力,为孩子营造安静、舒适的学习与生活环境。对各感官进行一系列的训练,改善孩子注意力不集中问题。)

4. 总结巩固。

很多孩子都会有上课注意力不集中的表现，这样的表现让很多家长与老师焦头烂额，但是却不知道怎么解决。那么一定要先了解孩子出现问题的原因，从而进行相应的训练。

5. 辅导跟踪及反馈。

【注释】

精、气、神不足导致注意力不集中。精、气、神三者关系密切。生命起源为“精”，生命动力为“气”，生命体现系“神”。故气血畅通，则百病不生；气血不畅，则疾患自现。

注意力不集中系心脾两虚或阴虚火旺所致，应按辨证施治原则，选择不同的方略。针灸、推拿、按摩、刮痧、拔罐等，均对注意力不集中有一定改善。

（青鸟圣之爱儿童自闭症康复中心）

第八课　感统训练:儿童多动辅导

辅导目标

第一,感觉统合训练有利于增强儿童的体质。

第二,感觉统合训练可以发展儿童的智力。

第三,感觉统合教育对儿童心理发展有积极影响。

(一)有助于培养儿童愉悦的心情,使儿童获得良好的情绪体验。

(二)促使儿童注意力集中。

(三)感觉统合训练有助于特殊儿童建立自信。

第四,提高学生的语言能力。

第五,培养儿童勇敢顽强、克服困难、超越自我的意志品质。

第六,培养儿童竞争、团结、协作的社会意识,培养学生良好的社会适应能力。

设计意图

学生小动作过多也是感知觉失调的一种表现形式,主要是前庭平衡功能失常。前庭觉是大脑的门槛,把信息过滤分析后传给大脑,使大脑不至于太忙碌,注意力才能集中,特别是学生的视、听性质的学习,前庭觉的影响最大。

前庭平衡功能失常表现为上课不专心,爱做小动作,调皮任性,兴奋好动,容易违反课堂纪律,容易与人冲突,爱挑剔,很难与别人分享……前庭平衡是影响孩子成长和学习发展最重要的一种能力。小动作多的学生,前庭觉的发展普遍不佳。本课则主要介绍关于多动的孩子如何进行相应的感统训练。

辅导时间　根据学校实际教学情况而定,建议对学生进行定期连续性训练辅导。

活动准备 宽敞明亮的室内运动场所，舒缓的音乐，大滑道、大陀螺、独脚凳、圆筒吊缆。

辅导过程

1. 前庭平衡失调对学生的影响。

前庭平衡这个部位与我们的生活息息相关，日常生活中的一切活动都必须以前庭平衡为基础。由于前庭平衡与平衡感关系密切，平衡感不良，会形成好动不安的现象。小动作过多的孩子，前庭觉的发展存在一定问题。

2. 前庭平衡失调的原因。

(1)羊水过多的母亲，尽管自己运动较多，但由于孩子在更多的羊水的保护中很难有机会与胎盘内壁接触到，导致孩子失去诸多必要的触觉和前庭平衡觉的学习机会。

(2)早期活动不足，爬行不够也会导致前庭平衡失调。

3. 如何进行前庭平衡训练。

存在前庭平衡问题的学生，在学校里表现为好动不安，上课不专心，爱做小动作，比一般学生更容易添麻烦。因此一定要认识到前庭平衡感觉的训练。

【训练器材及功能】

(1)大滑道：强烈刺激孩子的前庭体系，头部、颈肌同时收缩，促进身体保护伸展行为的成熟，增进前庭平衡的发展。

(2)大陀螺：高级前庭平衡训练器。强力刺激孩子左右脑发展。

(3)独脚凳：联系伸展和保持平衡、协调身体，控制重力感，建立前庭感觉机能。

(4)圆筒吊缆：调节固有前庭感觉输入统合，促进身体协调。

4. 总结巩固。

多动的孩子前庭觉发育普遍不佳，应着重针对此方面制定相应的计划对学生进行训练。

5. 辅导跟踪及反馈。

【注释】

感知觉失调是阴阳失衡的一种表现形式。中医认为,调整阴阳失衡和脏腑功能状态,滋阴潜阳,清心安神,能够有效解决感统失调问题。多动症的防护方法要做到少吃或尽量不吃含铅多的食物,含色素,防腐剂的饮料和小食品。人生十岁,五脏始定,血气已通,其气在下,故好走。《黄帝内经·灵枢·天年篇》中说治疗小儿多动症安心养神是关键。

(青鸟圣之爱儿童自闭症康复中心)

二年级　我的学习我做主

二年级辅导说明 >>>>

本年级课程内容将采用心理学中的故事疗法、绘画疗法等系列表达性教育方式，此艺术教育方式非常适用于儿童。对于儿童来说，语言的教育是苍白无力的，利用他们对故事、绘画、音乐的兴趣，在故事中进行渗透教育引导是非常有效的教育方式。本课程已配好相关课件、音频、视频等资料，附于光盘中。

辅导设计意图 >>>>

二年级学生已经逐渐适应了小学的校园生活，本年度的辅导目标递进为针对学生的校园学习生活的适应，例如注意力的培养、作息时间的管理、学习方法的辅导以及学生的情绪管理、团结互助等内容，通过具体指导、心理暗示、团体心理辅导、绘画辅导、音乐辅导、感统训练等专业心理辅导技术帮助学生适应小学校园生活，对于适应性困难较重的学生，由专业心理老师给予该生进一步帮助，超出咨询范围的要转介到专业心理咨询机构。

辅导目标 >>>>

（一）让学生了解不健康的生活方式对身体的害处，明确规律、健康的生活方式对身心健康很重要。

（二）教育学生明确做事专心好处多，并掌握一些适合自己的专心学习的方法。

（三）让学生明白自己已经长大了，懂得自强自立，科学管理自己的情绪，做一个心灵美丽的人。

（四）通过感觉统合训练增强学生的体质，发展学生的智力，有助于培养学生良好的情绪体验，和社会适应能力。

辅导重点

学会自我调控情绪，积极面对挫折和困难，掌握科学的学习方法，提升做事专注能力。

第一课　做好时间小管家

辅导目标

1. 让学生明确规律、健康的生活方式对身心健康都很重要。

2. 学会合理安排自己的生活时间，健康、有规律的生活。

辅导时间　1 课时

活动准备　心理情景剧的表演准备，作息时间表。

辅导过程

健康生活方式是指有益于健康的习惯化的行为方式。表现为生活有规律（劳逸结合、起居有常，一般儿童每天保证 9 ~ 10 小时睡眠），无不良嗜好，讲究个人卫生、环境卫生、饮食卫生，讲科学、不迷信，平时注意保健、生病及时就医，积极参加健康有益的文体活动和社会活动，等等。

一、心理情景剧

1. 提前找学生表演《松松的一天》。

（1）

（2）

（3）

（4）

2. 小组讨论。

你和松松的生活方式一样吗？不良的生活方式会给我们带来哪些不良的影响？

3. 小结。

健康的生活习惯，会危害我们的身体健康。因为我们正处在成长的阶段，按时吃饭，可以使体内正常地分泌消化液，使食物中营养成分得到充分的消化和吸收。在游戏、学习的时候，可以使神经系统的相应部位兴奋，这样我们才能表现得精力充沛。在睡眠时，大脑得到充分的休息，同时，体内的生长激素大量分泌，我们的身体就能长高。反之，如果打乱了这些规律，那么我们的健康成长，就难得到保证。

没有规律的生活只会让人____________、睡不好、玩不好、____________。

二、健康会议

什么样的生活才是有规律的生活呢？规律、健康的生活会给我们带来什么好处？

大家一起讨论，并把它记录下来吧！

三、健康生活我快乐

1. 把你的健康生活的方式和给你带来的益处与同学们分享。对于以前做的不够的地方，谈谈你的改进计划好吗？

2. 辅导跟踪及反馈。

请爸爸妈妈帮忙，共同设计一个合适的、科学的作息时间表。

时　间	要做的事情	为什么要这样做

辅导反馈

第二课　做事专心好处多

辅导目标

1. 通过活动体验让学生知道注意力集中的重要性。

2. 通过专注力训练使学生初步掌握一些专心学习的方法。

辅导时间　1课时

活动准备　每人一张“心灵探索卡””。

辅导过程

刚才有哪位同学注意到，老师进教室时手里都拿了些什么？（照相机）你们知道照相时需要注意什么吗？怎样才能拍出清楚的照片？（对准物体、调好焦距、对准焦点。）这样的过程叫作——聚焦。教师：我们每个人都有一个超级照相机，就是我们的眼睛。

一、我的超级照相机

1. 两人一小组，1分钟的时间互相观察对方。

2. 两人背对背站立，每人改变自己外表的一个地方。

3. 两人面对面站立，相互找出对方改变的地方。（教师记录最先完成任务的小组或学生。）

4. 交流感受，分享经验。

5. 第二轮游戏。

（1）每人改变自己外貌的2～3个地方。

（2）两人面对面站立，相互找出对方改变的地方。（教师记录最先完成任务的小组或学生。）

6. 交流感受，分享经验。

二、数字接龙

1. 百位数字数数。

学生按顺序数数，当数到含有数字3、6、9的时候，鼓掌一下表示，但不要说出来，掌声后，后面的学生继续数数。如，1、2、（掌声1下）、4、5、（掌声1下）、7……

（备注：当数数到31～39的时候，这个数段的学生都不能说出来时，要分别鼓掌一下，然后继续活动。）

游戏升级版：

教师指定学生数数，而不按照学生座位顺序数。其余游戏规则同上。

2. 分享交流活动感受。

3. 讨论：为什么有的同学会出错？用什么方法减少错误的发生？

4. 生活学习中，你有这样注意力无法集中的时候吗？你觉得分散你注意力的原因可能是什么？

三、填写“心灵探索卡”

1. 填写的卡片不用署名。引导学生认识到影响专注力的原因。

心灵探索卡

影响我专注力的原因是：____________________

影响到我动作慢的原因是：____________________

我的小绝招：____________________

2. 学生交流“心灵探索卡”，教师相应板书。

学生可能说到的原因如下：

◎我上课时常常分心，原因是：

上课时，教室周围不安静；上课时，周围有同学说话；上课时，很疲倦，想睡觉；课间玩得太开心，上课的时候脑子里还在想玩时的情景……

◎做作业慢，是因为：

做作业时，周围不安静；老师讲的内容没听懂，作业不会做；学习用品准备得不齐全，总要分心去找……

3. 讨论：注意力集中能够带给我们哪些好处？（学生畅谈。）

4. 分小组交流自己的小绝招。（此环节给学生充足的时间交流和分享。）

【辅导注意】

教师在讲授此环节时需要特别注意：把孩子和问题分开引导。告诉孩子，大家都是好孩子，是被一些问题影响到了而已，切记不要给孩子贴标签！这样在讲授时孩子容易接受，不会抗拒，而且愿意配合一起消灭那些影响到他们做好孩子的因素，此为心理治疗中的策略疗法。当然，身为心理老师，无论何时都要坚决做到不随便给孩子贴标签！

三、课堂总结

第三课　我的小火山

辅导目标　引导学生科学管理自己的情绪。

辅导时间　1 课时

活动准备　课件、A4 纸。

辅导过程

1. 教师讲故事《小豆子的小火山》。

【故事大意】

不知什么时候开始，小豆子的肚子里长了个经常会爆发的小火山。小火山每次爆发都会给小豆子带来麻烦的后果，例如家长生气，小伙伴远离自己，越来越孤单的小豆子很伤心，但又不知道该怎么办。好朋友小敏子告诉小豆子，妈妈肚子里也有个小火山，每次爆发的时候，妈妈总吞快乐来浇灭小火山，也可以用大喊把小火山的火苗吐出来……后来小火山不见了……

2. 畅所欲言。

你也有小火山吗？

你以前是怎么对待自己的小火山的？

听了小豆子的故事，你有什么感想？

随时随地爆发的小火山会带给我们什么影响？（学生畅谈）

你计划以后怎样对待自己的小火山呢？（学生讨论、畅谈）

3. 小火山训练营。（情绪宣泄训练）

（1）找一张白纸，写下让自己不开心的事情。

（2）把纸张使劲揉成团。

（3）放到脚下使劲踩扁。

(4)扔到垃圾桶内。

4. 讨论:你还有什么好的方法对待小火山呢?(教师引导学生一起探讨正确对待小火山的方法。)

(1)以趣味比赛等方式,让每一位学生都掌握至少两种适合自己的处理情绪的正确方法。

(2)教师小结。

5. 课堂总结。

6. 辅导跟踪及反馈。

班级成立"小火山监督团"。每周评比,对于有进步的学生,教师及时公开表扬并奖励。

辅导反馈

第四课　人体复印机

辅导目标

1. 通过活动训练学生的专注力、躯体表达能力。

2. 让学生知道有效的信息传递是拥有良好人际关系的基础。

辅导时间　1课时

活动准备　用于传递信息的纸条。

辅导过程

一、数字复印机

1. 个位数:右眼眨动;十位数:左眼眨动;百位数:张嘴。

每个数位上是几,相应五官就动几下。如,132,张大嘴1下,眨左边眼3下,眨右边眼2下。

2. 教师写好数字,给每组最后一名学生看,每个学生轻拍前面学生提示传递,然后通过动作传递数字,每组坐在第一位的学生最后把传递的数字公布。

3. 教师公示每组传递的结果。

二、字母复印机

1. 教师写字母,学生自创用躯体摆出字母形状,然后依次传递。传递方法同上。

2. 课堂总结。

我们在生活中每天都要和人交流,但是通常用的是语言交流,我们的身体也会说话,叫非语言交流(即躯体语言)。很多时候误会的产生都是双方面的,诉说者没有表达清楚,听者没有理解清楚。所以我们要学会信息的有效传递，这也是拥有良好人际关系的基础。

辅导反馈

第五课　美丽的心灵天使

辅导目标

1. 引导学生明白漂亮不仅仅指的是外表，内心美丽才是最重要的。乐于助人就是快乐的人，快乐的人就是最漂亮的人，并且知道当得到别人的帮助时要表示感谢。

2. 从小培养学生团结互助的意识。

辅导时间　1 课时

活动准备　课件、彩笔、A4 纸。

辅导过程

1. 课件出示题目《城里最漂亮的巨人》，并思考：

(1) 看到这个题目，你觉得这个故事讲了什么？

(2) 你觉得“漂亮的人”都是什么样的？

(3) 穿着这样的巨人你认为是漂亮的吗？（出示课件巨人邋遢的图

片。)那为什么还说他是最漂亮的？你认为可能是什么原因？

2. 教师讲绘本故事。

3. 讨论。

(1)巨人的新衣服都送给谁了？为什么？

(2)为什么大家会送给巨人礼物？

(3)小结:漂亮不仅仅指的是外表,帮助别人就是快乐的人,快乐的人就是最漂亮的人。

4. 分享交流。

(1)分享印象深刻的曾被人帮助的经历。(此环节让学生多谈,尤其深谈自己遇到困难时的感受,以及被帮助后的心情,引导学生明白,所有人遇到困难的时候都希望被帮助的迫切心情,以及获得帮助后的感激之情。)

(2)交流记忆中曾经帮助过别人的故事。(教师及时给予肯定和鼓励孩子的积极行为。)

5. 心灵画板。

画画你帮助别人的故事。

6. 课堂总结。

做最美丽的心灵天使。

辅导反馈

【故事资料】

城里最漂亮的巨人

乔治是个巨人,城里最邋遢的巨人。他总是穿着同一双棕黄色的旧凉鞋,同一件打着补丁的旧袍子。“哎,我可不想当城里最邋遢的巨人。”乔治难过地说。这天,乔治发现城里开了家新商店,里面摆满了各式各样漂亮的衣服。于是他走进店里,买了一件漂亮的衬衫,一条漂亮的裤子,一根漂亮的皮带,一条漂亮的条纹领带,一双漂亮的袜子,上面还绣着菱形花纹,还有一双乌黑铮亮的漂亮皮鞋。“现在,我可是城里最漂亮的巨人了。”他得意地说。

乔治把旧袍子、旧凉鞋留在了商店里。他走出门,准备回家,忽然听到一个奇怪的声音。只见人行道上站着一头长颈鹿,正呼哧呼哧地喘着气。“你怎么啦?”乔治问。“还不是因为我的脖子!”长颈鹿说,“它太长了,太冷了。要是有一条温暖的长围巾,那该有多好!”

“别担心!”乔治说着解下了他的条纹领带。“反正这领带跟我的袜子也不相配。”他一面说,一面把领带一圈一圈地围在长颈鹿的脖子上。哈哈,还真是一条不错的围巾呢!“谢谢你!”长颈鹿说。

乔治一路往家里走,嘴里唱道:“领带给受冻的长颈鹿做围巾,可是你们瞧瞧我——我还是城里最漂亮的巨人!”

乔治来到河边,一只山羊站在小船上咩咩大叫。“你怎么啦?”乔治问。“还不是因为我的船帆!”山羊说,“暴风雨把它吹走了。要是我的小船有一张结实的新船帆,那该有多好!”

“别担心!”乔治说着脱下了他的新衬衫。“反正这衬衫也老是从裤腰里跑出来。”他一面说,一面把衬衫拴到小船的桅杆上。哈哈,还真是一张呱呱叫的船帆呢!“谢谢你!”山羊说。

乔治心里美滋滋的,一边走,一边唱:“领带给受冻的长颈鹿做围巾,衬衫给山羊的小船做船帆,可是你们瞧瞧我——我还是城里最漂亮的巨人!”乔治走过一幢被烧毁的房子。房子旁边站着一只鼠妈妈和一群鼠宝宝,他们都在伤心地吱吱叫。“你们怎么啦?”乔治问。“还不是因为我们的房子!”鼠妈妈说,“大火把它烧掉了。要是我们有幢新房子,那该多好!”

“别担心!”乔治说着脱下了一只乌黑铮亮的新皮鞋,“反正这皮鞋也磨得我的脚直起泡。”鼠妈妈和她的孩子们爬进皮鞋里。哈哈,还真是一个温暖舒适的家!“谢谢你!”老鼠一家说。

现在,乔治只好单脚跳着走,可是他却很开心地唱道:“领带给受冻的长颈鹿做围巾,衬衫给山羊的小船做船帆,皮鞋给老鼠一家做房子,可是你们瞧瞧我——我还是城里最漂亮的巨人!”

乔治经过一个宿营地。一只狐狸站在帐篷边,正呜呜地哭。“你怎么啦?”乔治问。“还不是因为我的睡袋!”狐狸说,“它掉到水坑里去了。要是我有一个温暖干燥的睡袋,那该有多好!”

“别担心!”乔治说着脱下了一只袜子,“反正这袜子也弄得我的脚指头发痒。”狐狸钻进袜子里。哈哈,还真是一个非常舒服的睡袋呢!“谢谢你!”狐狸说。

乔治继续单脚跳着走,边跳边唱道:“领带给受冻的长颈鹿做围巾,衬衫给山羊的小船做船帆,皮鞋给老鼠一家做房子,袜子给狐狸做睡袋,可是你们瞧瞧我——我还是城里最漂亮的巨人!”

乔治走过一片沼泽地。一只小狗在沼泽地旁边汪汪叫。“你怎么啦?”乔治问。“还不是因为这片沼泽地!”小狗说,“我想走过去,可是烂泥粘住了我的脚。要是有一条不这么泥泞的小路,那该有多好!”

“别担心!”乔治说着解下了他漂亮的新皮带。“反正它也勒得我肚子痛。”他一面说,一面把皮带放在沼泽地里。哈哈,皮带铺成了一条干燥的小路!“谢谢你!”小狗说。

这时刮起了大风,可是乔治满不在乎,他继续单脚跳着走,边跳边唱道:“领带给受冻的长颈鹿做围巾,衬衫给山羊的小船做船帆,皮鞋给老鼠一家做房子,袜子给狐狸做睡袋,皮带帮小狗过沼泽地,可是……”

“我的裤子一直掉到脚后跟,我成了城里最受冻的巨人!”乔治一下字感到又冷又伤心,再也不觉得自己有多漂亮了,他站在风里琢磨着:“我得回那商店去,再买一身新衣服。”他拿定主意,转过身,单脚跳着,急急忙忙赶去那家商店。

可是等他赶到那里,商店已经打烊了!“哎,怎么会这样呢!”乔治懊恼地说。可又有什么办法呢?他坐在路边,眼泪顺着鼻子流下来。现在,乔治感到非常伤心,就跟刚才回家时遇见的那些动物一个样子。这时他瞥见门口放着一个袋子,袋口露出的东西很眼熟。乔治仔细一看,“我的袍子!”他高兴地叫起来,“我的宝贝袍子和凉鞋!”乔治把它们一一穿上,哈哈,真是舒服极了!“我是城里最温暖、最舒服的巨人!”他一边喊,一边兴高采烈的蹦蹦跳跳回家去。咦?在他家门口,竟然站着一群动物:长颈鹿、山羊、老鼠、狐狸、小狗。哦!原来都是他曾经帮助过的动物。他们给乔治送来了一大盒礼物。“快来,乔治。”大家说,“快打开盒子看一看!”乔治解开盒子上的缎带,里面是一顶用金纸做的美丽的王冠,还有一张卡片。“看看卡片上写了些什么!”大家催促着。乔治把金冠戴在头上,打开卡片——卡片上写着:

你把领带给长颈鹿做了围巾,你把衬衫给山羊做了船帆,你把皮鞋给老鼠一家做了房子,你把袜子给狐狸做了睡袋,你用皮带帮小狗过了沼泽地。现在我们要送你一顶美丽的金冠,因为你是城里心眼儿最好的巨人。这顶金冠跟你的袍子和凉鞋最相配!

第六课 “松鼠”搬家

辅导目标

1. 让学生在游戏中体验竞争,感受合作的力量。

2. 开拓学生思维方式,在竞争中体验双赢的快乐。

辅导时间 1 课时

活动场所 室外。

辅导过程

1. 学生每三人为一组,其中两人双手举起对撑搭成一个“小木屋”,另一个人扮“小松鼠”,站在“小木屋”里。

2. 根据教师的口令进行变化,如:

“松鼠搬家”——“小松鼠”调换到其他的“小木屋”。

“樵夫砍柴”——搭建“小木屋”的两个人分开,寻找新的“樵夫”搭建新的“小木屋”。

“森林大火”——“小松鼠”可以变成“樵夫”,“樵夫”可以变成“小松鼠”。

3. 教师可以不断变化着发出口令,学生做出相应变化。在活动一开始安排两只无家可归的“小松鼠”充当竞争的角色,这样在变化中必然会有新的“小松鼠”被淘汰出来。

4. 集体分享活动带来的感悟。

【辅导建议】

1. 要有足够大的活动空间,便于“小松鼠”、“樵夫”跑动变化。

2. 本活动是人数越多效果越好,出现无家可归的“小松鼠”和没有“小松鼠”的“小木屋”均会被淘汰。

3. 教师要关注多次被淘汰学生的原因及其心理感受。

【活动意义】

"松鼠搬家"游戏在快乐的笑声中进行。在激烈动荡的"森林大火"中，机灵的"小松鼠"很快找到了新家；勤劳的"樵夫"不仅搭好了新屋，还热情地呼唤着"小松鼠"进"屋"，形成了和谐的"松鼠之家"。

辅导反馈

第七课　珍贵的友谊

辅导目标

1. 理解绘本内容，感受鸭子和天鹅的坚持不懈。

2. 结合生活进行教育，让学生懂得坚持不懈的同时遇到危险也要知道放弃，因为生命和朋友重于冠军。

辅导时间　1 课时

活动准备　课件、背景音乐。

辅导过程

1. 暖身活动《木头人》。

(1)伴随音乐(背景乐2-7)学生围圈自由动作行走,当音乐停止,学生的一切动作定格,并保持不动。

(2)教师可用各种方式逗学生。

(3)始终保持不动的学生给大家介绍妙招。

(4)学生改良自己的游戏经验参与第二轮游戏。

(5)教师小结。(表扬所有同学的进步)

2. 教师讲解绘本故事《一根羽毛也不能动》。

(1)教师:一只鸭子和一只鹅也在玩木头人的游戏,鸭子和鹅的比赛进行的怎么样呢?我们来猜一猜:谁会赢呢?(学生回答。)

(2)教师讲解过程中穿插提问互动。(通过问答互动训练学生的持久专注力。)

蜜蜂、兔子都是怎么经过鸭子和鹅身边的呢?

这么多动物影响鸭子和鹅,他们心里都是怎么想的呢?(让孩子们理解鸭子和鹅的心理活动。)

狐狸来了,当狐狸来的时候,看到鸭子和鹅一动也不动,狐狸内心什么感受?后来发生了什么?为什么鸭子动了?

(3)思考:你觉得谁赢了呢?为什么?

(4)教师分享:我觉得它们两个都赢了,鹅赢在坚持到底,鸭子赢在勇敢救朋友。故事结局很完美,看他们现在在干什么呢?狐狸的厨艺还是很不错的,瞧他们吃的多开心呀。

3. 分享交流。

(1)你有几个好朋友?你都喜欢他们什么?

(2)生活中,你和你的好朋友有过类似的比赛吗?结局怎样?

(3)结合故事谈友谊。

4. 课堂总结。

【故事资料】

一根羽毛也不能动

有一天,鸭子到湖里去游泳。我真是个了不起的游泳健将啊,她这样想。这个时候,她听到一阵啪啦啪啦的打水声,原来是鹅。“你好啊,鸭子。”

“嗨,天鹅,瞧我的。”鸭子快速地划着水。

天鹅说:“还不错! 可是我比你快。”

鸭子说:“我们来比赛吧! 预备……开……始!”

他们向湖对岸游去。

鸭子先到。“万岁! 我是冠军。”

天鹅说:“也许吧! 但是我可以飞得比你高。”

鸭子说:“不可能。”

天鹅拍拍翅膀:“预备……开……始!”

他们飞过杉树林。天鹅飞得比较高。“耶! 我是冠军中的冠军。”

鸭子说:“才不是呢!”

天鹅说:“我就是!”

啪! 嗒! 他们同时落地。鸭子抖开他的羽毛,然后来来回回地踱着步。她转身对天鹅说:“我们来玩木头人的比赛。不能动,不能讲话,就连一根羽毛也不能动一下! 谁赢了,谁就是唯一的、真正的、永远的冠军中的冠军!”

“就是我!”天鹅说。

“等着瞧吧!”鸭子说,“预备……不……动!”

天鹅一动也不动地站着,鸭子也是。她看着鹅,等着鹅动。

一只蜜蜂飞出树丛。嗡……他绕着天鹅的头飞上飞下。嗡……他又绕着天鹅的尾巴飞上飞下。

鸭子想,没多久,我就会是唯一的、真正的、永远的冠军中的冠军了。

但是天鹅一动也没动。

接着蜜蜂飞向鸭子。嗡……他绕着鸭子的头飞。嗡……他在鸭子的脖子上停下来。

但是鸭子一动也没动，也没发出声音，就连一根羽毛都没有动一下。

蜜蜂飞走了。

鸭子一直等啊等，等着鹅动。

一群兔子跳过来。他们贴着天鹅的头，从他的长脖子上溜下来。

鸭子想，很快的，我就会是唯一的、真正的、永远的冠军中的冠军了。

但是天鹅一动也没动。

接着，兔子们围着鸭子。他们轻拍她的嘴，玩她的蹼。他们跳过她的背。

但是鸭子一动也没动，也没发出声音，就连一根羽毛都没动一下。

最后，兔子跳走了。鸭子等了又等，等着鹅动。

呱、呱、呱，一群乌鸦俯冲下来。他们绕着天鹅的头飞，停在天鹅的背上，跳上跳下。

快了、快了，鸭子想，再等一会，我就会是唯一的、真正的、永远的冠军中的冠军了。但是天鹅一动也没动。

乌鸦包围着鸭子。他们用翅膀拍她的脸，对着她的耳朵叫，还搔她尾巴上的羽毛。

但是鸭子一动也没动，也没发出声音，就连一根羽毛都没有动一下。

呱、呱、呱，乌鸦飞走了。突然，天空刮起一阵风，吹起满天风沙，树枝摇晃，叶子到处飘散。咻！风将天鹅吹进蒲公英花丛里。咻！风将鸭子吹进桑葚树丛里。过了好久好久，风才平息下来。就快了！鸭子想，这时候来了一只狐狸。

“多幸运啊！”狐狸开心地努动着鼻子，“今天和明天的晚餐都有了，等煮熟就可以吃了！”

鸭子从眼角瞄了鹅一眼。天鹅还是没有动。鸭子想，那我也不动。

狐狸把鸭子和天鹅塞进他的大麻袋里，牢牢地绑紧袋口。然后他拖着、推着、拉着大麻袋，穿过树林。

狐狸将鸭子和天鹅从袋子里取出来，并排放在地上。他开始煮一大锅水，切马铃薯、西红柿、胡萝卜、芹菜和菜瓜。他抓了一把豆子丢进锅里，又加了点蒜和胡椒，他搅拌着这锅汤。然后他转身看着天鹅。天鹅一动也没动，也没发出声音，就连一根羽毛都没有动一下。鸭子也一样。狐狸眼睛发亮，用手点着他们。“狐狸下山来点名！先煮鸭子还是天鹅？我的肚子告诉我，先煮你，就——是——你！”狐狸把天鹅拎到锅边，鸭子想，现在天鹅该动了吧。但是天鹅没有。狐狸打开锅盖，一团热气腾腾的蒸汽冒了出来。动吧！天鹅！请你动一下吧！鸭子想。但是天鹅没有动。会不会是天鹅根本就没办法动？鸭子想。他说不定是吓得动不了了？狐狸把天鹅高高举起来，“进去吧！”“嘎！——不要煮我的朋友！”鸭子咬住狐狸的尾巴，又紧咬狐狸的鼻子。“救命啊！救命啊！”狐狸丢下天鹅，急忙跑到树林里去了。鸭子和天鹅看着他跑走。鸭子叹了一口气，说：“好吧，天鹅，我想你赢了木头人的比赛。”“也许吧，”天鹅说，“但是你，鸭子，你才是唯一的、真正的、永远的冠军中的冠军。”

“我？”鸭子看着天鹅，然后她微笑着，鼓鼓羽毛说：“对呀，我想我是吧。”

天鹅把头探进锅子里：“闻起来好香哦，我们要不要喝了它？”

然后，他们把狐狸煮的那整锅美味的蔬菜汤喝得一干二净。

辅导反馈

第八课　感统训练：儿童情绪辅导

辅导目标

第一，感觉统合训练有利于增强儿童的体质。

第二，感觉统合训练可以发展儿童的智力。

第三，感觉统合教育对儿童心理发展有积极影响。

（一）有助于培养儿童愉悦的心情，使儿童获得良好的情绪体验。

（二）促进儿童注意力集中。

（三）感觉统合训练有助于特殊儿童建立自信。

第四，提高学生的语言能力。

第五，培养儿童勇敢顽强、克服困难、超越自我的意志品质。

第六，培养儿童竞争、团结、协作的社会意识，培养学生良好的社会适应能力。

辅导时间　根据学校实际教学情况而定，建议对学生进行定期连续性训练辅导。

活动准备 宽敞明亮的室内运动场所，舒缓的音乐，平衡触觉板、太极平衡板、跳袋、平衡步道。

辅导过程

1. 脾气暴躁也是感统失调的一种表现形式。

学生触觉过分敏感或过分迟钝，则表现出：躲避接触，固执于某些物件要时刻抱着才有安全感，不爱玩身体接触的游戏。讨厌被触摸，不喜欢绘画、沙土、泥工等手工作业。爱打架，爱发脾气动手打人，对非恶意的身体接触反应激烈。

2. 造成触觉过分敏感或过分迟钝的原因。

(1)因剖腹产的生产方式，在胎儿出生时没有经过产道的挤压，而使触觉敏感的机会较高。

(2)家庭生活环境的改变，使学生活动空间减少，则在触觉学习上严重不足，是触觉学习不足的主要原因。

3. 如何进行触觉训练。

触觉过度敏锐，通常反应较快，IQ 也较高，但由于情绪无法控制，EQ 等方面均很差，更需要有计划加以协助。

(1)平衡触觉板：各种不同形状的触觉可刺激孩子的脚部神经及全身触觉感。可任意变换，训练平衡能力，体验行走快乐。

(2)太极平衡板：针对身体协调不良，触觉敏感或迟钝的孩子进行训练，增加本体感的刺激。

(3)跳袋：通过在跳袋内向前后左右跳跃，可帮助儿童克服本体感不足及触觉敏感或不足。

(4)平衡步道：由塑柄横杆组成的步道，每组 4 串，共 4 种颜色，可相互串边，让学生在上面尽情爬、走、跑、跳，刺激孩子脚底神经及全身触觉感应。

(活动意图：触觉的敏锐度会影响孩子的注意力，身体的灵活及情绪的好坏，通过触觉的训练，协助学生改善情绪问题。）

4. 总结巩固。

触觉过分敏感或过分迟钝的学生，情绪暴躁，对外界信息不能正确反应，自然也会注意力不集中，缺乏保护意识，学习能力自然很难发展。

5. 辅导跟踪及反馈。

针对脾气暴躁的学生进行跟踪调查，了解孩子的变化。

【注释】

脾气大的人在我们的身边并不少见，一般我们常常认为这是性格使然，其实从中医的角度来说，爱生气、脾气暴躁也是一种病。中医将容易发怒称为“善怒”，是指无故性情急躁、易于发怒、不能自制的症状，又称“喜怒”、“易怒”，应属于疾病的范畴。中医理论认为：“肝为刚脏，喜条达而恶抑郁，在志为怒。”意思是说，肝属于刚强、躁急的脏器，喜欢舒畅柔和的情绪，而不喜欢抑郁的情绪，其情绪表现主要为发怒。所以，善怒主要与肝有关，有肝郁气滞、肝火上炎、脾虚肝乘等三种证候。

辅导反馈

（青鸟圣之爱儿童自闭症康复中心）

三年级　我爱学校温暖的家

三年级辅导说明 >>>>

三年级阶段的学生学习任务与活动范围无论是广度还是深度都比低年级有了显著变化，学习活动的活动性特征减少。这一时期学生的思维正处于由形象思维向抽象思维过渡的时期，同时也是态度、品德和意志发展的关键期。孩子集体主义感有所发展，良好的道德品质正在形成，但极不稳固；感情容易激起和爆发，不善于调节，意志还很薄弱，自觉性、主动性、持久性都较差，遇到困难和挫折容易动摇。因此，我们从学习、情绪、意志品质等方面对学生展开系列辅导，并指导学生正确地对待中年级的学习生活，体验克服困难的快乐，学习倾听和理解、合作与交流。

辅导目标 >>>>

（一）用积极心理学的理念培养学生正向思维的意识和能力，从小培养学生树立阳光心态。

（二）指导学生学会制定合理的目标和本年级的初步规划，使其成为学生学习的动力。

（三）指导学生正确面对挫折，促进学生以长远目光看待困难和挫折，学会坚持与延迟满足。

（四）使学生意识到人际交往的重要性，明确团体合作的力量大。

（五）增强班级凝聚力，增加学生间的合作与彼此的信任感，增强学生对班级的归属感。

辅导重点

学会自我调控情绪，积极面对挫折和困难，促进人际交往，增强班级凝聚力和团队合作精神。

第一课　新学期从心开始

辅导目标

1. 新学期新状态，通过活动引导学生以全新的姿态迎接新学期。

2. 引发孩子对自己梦想的思考，认识到梦想的重要性。

3. 帮助孩子明确自己的梦想和新学期的成长计划。

辅导重点

明确有梦想、有理想，生活才会多姿多彩，并且梦想是可以实现的，初步规划自己的新学期。使孩子意识到要想达成梦想就要从今日做起，制定行动计划很重要。

辅导时间　1 课时

辅导准备　A4 纸每人一张、彩笔。

辅导过程

一、新年心气象

小组串串烧“新年新我新本领”。全班分小组，每个小组 7 人左右，围圈坐。第一个人自我介绍，内容包括新学期的计划（2 句话以内）、所学的新本领、说 1 ~ 2 个自己的优点。第二个同学在自我介绍之前，先把第一个同学说的内容重复一遍，然后再进行自我介绍，第三个同学要按顺序把前 2 名同学所说内容逐一重复，然后再说自己，以此类推。（此活动目的：智慧收心，总结假期，趣味制定新学期计划，树立自信，同时在小组成员的语言重复中，一方面加深制定计划学生的自身印象，另一方面，小组成员相互监督提醒同伴后期计划完成的情况。）

二、向前走（团体合作）

1. 每个人把手搭在前面一个人的肩膀上。

2. 学员听口令行走。如教师："左（脚）前，右（脚）前，跳（两腿一起前跳 1 步）"，"左……前……前……前……""右……前……"

3. 对比，哪个队走得最快、最稳。（如果哪个队中途倒了，就输掉了。）

4. 小结：个人的成长很重要，团体合作和团体成长同样非常重要，班级发展靠大家。

三、播种"班级菜地"

1. 制定新学年的团体（小组或班级）计划。

2. 班级的宣传黑板（或一张尽量大的白纸）当作菜地，每一位学生在后面的学习生活中，可以将自己生活中各方面的收获，写到即时贴（或小纸条）上面，然后贴在"班级菜地"中。

【辅导注意】

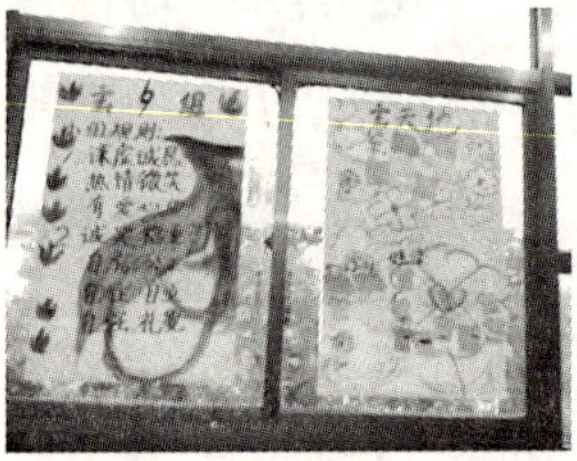

班级菜地框架可以是多样的，教师引导学生发挥想象力，菜地可以自由起名，后期和学生一起监督菜地的建设。

此图是一个小组建立的菜地，取名"玄天地"，小组成员是 4 人，结合四叶草的寓意，她们创意选取了用四叶草作为菜地背景图案，菜地建立了多个区域，如学习区、生活区、娱乐区、答疑区等。这个菜地贴在教室内，学生根据自己的成长和学习收获，经常"添菜"。

菜地的另外一个部分，是学生小组经过协商后自定的自律制度，此小组选用了一只朝天飞舞的凤凰作为制度部分的背景。从菜地框架、背景图、小组名称以及菜地分工等都反映出了该小组成员的心理特点。

辅导反馈

第二课　音乐注意力训练

辅导目标

本课根据学生的年龄特点，针对性选择音乐用于学生的注意力训练。课中将儿童音乐训练和儿童音乐绘画辅导相结合，对学生进行积极潜意识植入辅导。课程结尾的“心灵画展”给学生提供了心灵展示的空间和舞台，加上教师的及时肯定和鼓励，也树立了学生的自信。

辅导时间　1 课时

辅导准备　电脑、音乐、A4 纸每人一张、彩笔。

辅导过程

1. 学生闭眼专注欣赏乐曲。（背景乐 3－2－1）

教师：这个乐曲让你想到了什么？

2. 画出你脑中想到的画面，或者你听到此乐曲的心情。

3. 小组交流画作。

4. 班内交流画作。

5. 心灵画展。(背景乐3-2-2)

学生自愿将自己的图画贴到教室内自己喜欢的地方,全班欣赏,教师及时给予画展小作者奖励(盖印章等方式的奖励)。

辅导注意

1. 在参观画展前,教师要对自愿展示图画作品的学生首先给予肯定和表扬。

2. 提醒全体学生,礼貌、秩序地参观画展,这是对图画作者的尊重,避免出现取笑图画作者的情况发生。

3. 提醒教师注意:

(1)一定要尊重学生的意愿,自愿展示学生的画作,对于不愿展示的学生,选择鼓励和尊重。

(2)注意观察学生在教室内贴图的位置,教室内的地理位置也映射出学生的相应心理特点。如有的学生快速的将画贴到了讲台黑板的正中央,说明此生可能自信度较高,有焦点渴望;有的学生将画贴到了教室角落,说明该生可能缺乏一定自信……针对学生不同的特点,教师要及时给予鼓励和引导。

辅导反馈

第三课　我和老师面对面

辅导目标　通过学生和老师面对面的交流，增进师生间的了解，建立良好的师生关系。

辅导时间　1课时

辅导准备　课件、任课教师的生活照、彩笔、心语祝福卡，并邀请几位任课老师参与此课。

辅导过程

1. 我心中的恩师。

(1)画一幅理想中的老师画像。

(2)小组交流、分享自己的画和自己理想中的老师。

2. 分享交流。

(1)生活中印象深刻的老师，并谈谈印象深刻的原因。

(2)生活中的老师和自己理想中的老师的差别。

3. 我和老师面对面。

(1)出示教师的生活照片，教师谈生活中的故事。(让学生从直观上感受到老师也是普通的人，认识到老师在生活中的角色如：妈妈、女儿、妻子等，从而消除学生对老师的神秘感。)

(2)新学期的几位课任老师给你留下了什么印象？

(3)你们想不想知道老师眼中的你们是什么样的？(教师与学生展开心灵交流。)

4. 师生互送心语祝福卡。

5. 课堂总结。

在老师的心里你们每一个人都是一幅美丽的图画，老师爱你们每一个人，但老师也是一个普通人，也会有喜怒哀乐的情绪变化，也会有做事欠妥的地方，只要我们师生互相包容，有效沟通，欢笑时刻满校园。

辅导反馈

第四课　今天运气真好

辅导目标

从小培养学生的分享意识，并且知道分享也是一种快乐。

辅导时间　1课时

辅导准备　课件、音乐。

辅导过程

一、暖身活动——“小动物打招呼”

1. 尽量逼真地扮演一种你最喜欢的小动物。

2. 用小动物的方式与同学相互打招呼。打招呼的语言可让学生自由发挥。

二、绘本故事《今天运气怎么这么好》

【故事大意】

野狼乌鲁在午睡林里发现许多小猪，他觉得自己运气好得不得了，决定去叫好朋友哇呜、嘎鲁鲁、贝罗一起分享。而他的朋友们也乐于跟乌鲁分享他们在午睡林里找到的美味。乌鲁因为健忘和分心，一再忘了小猪的事。天黑了，小猪们终于睡醒了，也为这一天的好运气而高兴呢。

1. 讨论。

（1）乌鲁在森林里发现了什么让他感觉运气很好？

（2）乌鲁想和朋友们分享自己的好运气，但是为什么总忘记？

2. 分享交流。

（1）你也和乌鲁一样喜欢分享吗？

（2）交流生活中的分享故事。（可以是学生身边的故事，也可以是学生自己的故事。此环节让学生畅谈，教师及时给予肯定和鼓励。）

（3）小结：每天都会有很多美好的事情发生，关键在于你是否拥有一双发现快乐的眼睛。

3. 课堂总结。

辅导反馈

第五课　我爱班级树

辅导目标

1. 体验位置不同,感悟不同。

2. 初步了解自己在班级中的位置。

3. 通过体验位置感觉,增进自己跟班级的关系以及热爱班级的情感。

辅导时间　1课时

辅导准备　课件、音乐、视频。

活动准备　室内、室外皆可。

辅导过程

一、暖场:“找位置”

教师:同学们站成圈,我们上课前,请一起说出我们心理课的约定:(1)保密,尊重,参与,成长。(2)还有一句话请大家了解:参与越多,收获越大,成长越快! 你准备好了吗?

好,请选择一个你喜欢的和比较适合的位置坐下,这个位置给你的感觉是怎样的? 能给各位分享一下在这个场内选择这个位置的感觉吗?(学生交流。)

教师总结:不同的位置给我们的感觉是不一样的。下面跟随老师的引导,我们来了解你对班级位置的感觉。好吗? 是否有不参与的同学,你也可以做旁观者。(尊重学生的自主选择,但学生都很喜欢参加。)

二、体验活动:我的班级,我的大树

1. 如果把班级比作一棵大树,你想代表哪一部分?是树根,树干,树枝,树叶?(出示:树根,树干,树枝,树叶,大地。)

共四个选择,请根据自己情况选择。

听从教师的引导语来感受在这个位置的感觉以及跟其他位置相互间的感觉。请注意自己在其中的感觉。

2. 教师引导:春天,大树抽出新的嫩芽,整个大树焕发出生机,听,哗哗啦啦的叶子在微风中响着;

慢慢地大树长得更茂盛了,枝干伸展着,叶子在枝上跳跃着;

突然有一天狂风来了,暴雨随之而来,狂风拉扯着枝条、抽打着树干,树根都裸露出来了!大树坚持着,坚持着,终于没有没狂风吹倒!

请分享你代表这个位置的感觉?

教师:同学们,作为班级大树的每一部分,感受自己在其中的位置。

是的,一个班级就像是一棵大树,我们每个同学都是大树的一部分,并且都是班级大树上重要的一部分,是不能够缺失的一部分。让我们带着这种感觉用绘画把你们内心跟班级和同学、老师的连接,表达出来。

三、描绘"我的班级树"

1. 我们的班级就是一棵大树,那么在你自己的心目中班级树会是什么样呢?(限时5分钟)

配背景音乐。分组交流,然后找代表分享,其他成员可以补充。

贴出绘画,是树叶就贴在高处,树枝在中间连接,树干在中间,树根在底部板书,最后完成贴画。如果你有其他想添加的,这些对你有意义的线条和装饰都是重要的,请添加上完整的树形。感受班级集体的团结协作。

四、总结

1. 老师想送你们几句话,希望在你的心上给它们一个位置。

在班级里，你选择的位置，决定了你为班级所进行的思维、行动、收获。所以，在自己的位置上做好自己，就是为班级树做贡献，也才有位置，这对我们共同所在的班级很重要！

2. 在大自然中上心理课。

（图片提供 青岛北京路小学李红霞）

辅导反馈

第六课　我真的很幸运

辅导目标

教育学生明白只要有一双善于发现的眼睛，有一颗感恩的心，生活就会被幸运包围。

辅导时间　1课时

辅导准备　课件。

辅导过程

1. 交流：你认为幸运是什么？

2. 学习绘本故事《亨利爷爷找幸运》。

【故事大意】

故事是从问题开始的，小孙子艾米给亨利爷爷出了个难题：幸运是什么？亨利爷爷想了一个晚上也没找到答案，他开始到不同的地方用不同的方法去寻找答案。亨利爷爷去了图书馆翻书找答案、去了游乐场的幸运大转轮、去了幸运大道……都没能找到答案，后来亨利爷爷碰到了一个饥饿的流浪汉，他把自己的馅饼送给了流浪汉，在流浪汉的幸运表白中，亨利爷爷感受到了帮助别人也是一种幸运，他露出了满足的微笑。这时候的亨利爷爷开始观察自己身边的人和事，原来，幸运就是让你快乐满足的事，幸运其实很简单，学会满足和感恩，就会马上发现很多幸运的事：可爱的孩子们、轻松的暑假、美好的爱情。充实的工作、心爱的小宠物……找到了幸运的亨利爷爷在回家的途中差点就发生了车祸：亨利爷爷好幸运！幸运对每个人来说是不一样的，有时候很大，有时候很小，有时候是香喷喷的味道，有时候是开心的笑……艾米知道什么是幸运了吗？当然知道，和家人在一起就是最大的幸运。

3. 思考。

(1)亨利爷爷都去哪里找幸运了?

(2)流浪汉的幸运是什么?妈妈们的幸运呢?孩子们的幸运呢?

(3)你是个幸运的孩子吗?为什么?

(4)小结。

对老师来说,今天大家在这里认真的听我讲故事就是一种幸运。老师读到一本好书也是一种幸运,能和大家分享我读的好书更是一种幸运。

幸运是什么?它对每个人来说都不一样,它有的时候很大,有的时候很小,有时候是一种香喷喷的味道,有时候是开心的呵呵笑,它有许许多多的名字,你可以在每个地方找到它,或者在每个地方都找不到它,你可能看得到远在千里之外的幸运,你也可能看不到在自己鼻子底下的幸运,可不管你看到还是看不到,幸运始终都和你在一起。

4. 幸运小使者。

亨利爷爷把幸运传递给了流浪汉,让我们也来做一个传递幸运的小使者。

想一想,说一说:你计划怎样做一个传递幸运的小使者呢?

5. 课堂总结。

【辅导建议】

此课在讲授过程中,尽量多的给学生充足的时间谈论感受和结合生活谈自己的生活体验,引导学生切实明确自己的幸运。幸运不仅仅是遇到开心的事情,挫折经历也是一种幸运,它能够让我们变得更坚强、更有智慧、成长得更健康。所以,如果有孩子认为自己不幸运,或者谈到自己的挫折时,教师一定要及时抓住这个机会,这是培养孩子阳光心态,进行积极心理学教育的契机。

辅导反馈

第七课　解答难题方法多

辅导目标

1. 通过绘本故事让学生明白，所有的事情都可以多角度看待。

2. 课堂难题解答实练，引导学生明确在学习中，所有的难题都有多种解答方法，学生可以通过多种途径解答难题，从而提高学习成绩。

辅导时间　1课时

辅导准备　课件。

辅导过程

1. 教师讲解绘本故事《想吃苹果的鼠小弟》。

【故事大意】

可爱的鼠小弟想吃树上的苹果，他观察到小鸟、猴子、大象、长颈鹿、袋鼠和犀牛得到苹果的方法，然后一一模仿，结果每次都失败。鼠小弟既不会飞，又不会爬树，也没有长长的鼻子或脖子，个头小，也没有那么大的力气，看着别人凭着各自的特长都拿到了苹果，鼠小弟很着急，正在它非常沮丧的时候，海狮来了，它用顶球的特长把鼠小弟抛到树上，它们共同合作拿到了苹果。

2. 小组讨论交流。

自信教育：

（1）鼠小弟，从名字上能看到它有什么特点？

（2）鼠小弟遇到了什么困难？

（3）小鸟、猴子、大象、长颈鹿、袋鼠、犀牛、海狮，它们各自有什么特点？鼠小弟的优点是什么？（所有的动物、所有的人都有自己的独特优点。）

积极心态，阳光生活：

（4）如果你是鼠小弟，你还能想到什么方法吃到苹果？（所有事情的解决方式都有三种以上，有时候我们觉得没有办法，其实只是我们没想到而已。）

（5）你喜欢吃苹果吗？为什么？（苹果营养丰富，口感好，对我们身体健康有好处……）

如果没有遇到海狮，如果最后鼠小弟始终没能吃到水果，如果你是鼠小弟，你会怎么做？（生活中经常会有很多东西都是我们渴望拥有的，但不是所有的梦想都能成真。）

（6）生活中你有过类似的经历吗？谈一下你是怎么做的？当下一次遇到类似的事情时，你会怎样做？（积极心理学教育。）

团结互助、合作的力量大：

（7）如果你是小鸟、猴子、大象、长颈鹿、袋鼠、犀牛，看到有困难的鼠小弟，你会怎么做？（团结互助很重要。）

（8）如果没有鼠小弟，海狮自己能够吃到苹果吗？（合作很重要。）

故事中的学习智慧。

(9)教师课件出示几个难题(课前摸底,学生们都认为比较难的题,但在教材范围内的题,任何学科的都可以),全体同学现场多角度解题。

教师小结:经常听到有的同学说“这个题不会做……”,当用一种方法解答不了的时候,他们就不再去思考了,所有的学习难题也都会有多种解法,下次当你再遇到难题的时候,尝试多种方法解答,你会发现那些题是难不倒聪明的你的!

3. 课堂总结。

辅导反馈

第八课　突　围

辅导目标

1. 通过活动让学生意识到团体合作的重要性。

2. 活跃团体氛围,舒展身体的同时,让学生知道玩也是有技巧的。

辅导时间　1课时

活动场所　室外。

活动过程

1.“突”活动：

(1)学员分小组围圈站立。

(2)每个小组自选出一个成员到其他小组的圈中间，当“心儿”。

(3)外圈人拉手，做人工墙，防止里面人员冲出来。

(4)几个小组比赛。哪个“心儿”先冲出来，“心儿”本人的小组就胜利。

2.“围”活动：

玩法同上，唯一不同之处：“心儿”从外进入圈中。

辅导反馈

四年级　我是独一无二的

四年级辅导说明 > > > >

本年级心理辅导设计根据学生的年龄特点以及心理发展特点,通过多元化方式对学生进行针对性、专业性、系列性的心理辅导和心理训练。如“我的心灵小动物”采用了意象对话潜意识辅导,“我手绘我心”绘画辅导,“心灵超市”和“美妙心之旅”为儿童音乐训练,“我很特别”绘本故事辅导、心理训练、认知行为训练等。传统的灌输式语言教育对于儿童教育的效果十分有限,甚至常常显得苍白无力,本课程设计利用孩子们对故事、游戏的兴趣以及对音乐的喜爱等特点进行渗透性教育,从而达到有效的教育目的。本课程已配好相关课件、音频、视频等资料,附于光盘中。

辅导设计意图 > > > >

四年级是小学阶段的一个转型期,此年龄段的孩子已适应了小学的生活,他们开始萌动自我独立意识,逐渐有了自己的独立想法,并希望去尝试实践自己的想法,但另一方面他们依然对师长很依赖,所以经常会出现冲突,外在表现就是孩子倔强、固执己见,逐渐开始不听师长的话了,人际关系也有了微妙的变化……针对学生此年龄阶段的成长特点,本课程内容围绕正确认识自我、提升自信以及良好人际关系的管理等方面对学生进行教育。借助认知行为指导、心理暗示、团体心理辅导、绘画辅导、音乐辅导等专业心理辅导方式帮助学生深入适应小学中的成长生活。

辅导目标 >>>>

(一)科学认识自己的性格特质,明确性格无好坏,所有的性格都有各自绚丽之处。

(二)使学生了解自我结构,学习自我意识与发展潜能。通过心理训练、音乐体验等形式,使学生认识自我、悦纳自我,并学会自我肯定的技巧及训练方式,帮助学生建立阳光心态,从而保证身心健康地成长。

(三)培养学生良好沟通的技巧,教育学生学会运用科学的沟通技术以减少和化解冲突,共谱和谐交往的乐章,体验人际交往的乐趣。

第一课　新学期从心开始

辅导目标

1. 新学期新状态,通过活动引导学生以全新的姿态迎接新学期。
2. 引发孩子对自己梦想的思考,认识到梦想的重要性。
3. 帮助孩子明确自己的梦想和新学期的成长计划。

辅导重点

明确有梦想、有理想,生活才会多姿多彩,并且梦想是可以实现的,初步规划自己的新学期。使孩子意识到要想达成梦想就要从今日做起,制定行动计划很重要。

辅导时间　1课时

辅导准备　A4纸每人一张、彩笔、背景音乐。

辅导过程

一、暖身活动:新学期,新的我

活动步骤:同学之间用躯体打招呼。(背景乐4-1)

1. 脚碰脚打招呼,相互问候。

2. 胯碰胯打招呼,相互问候。

3. 肩膀碰肩膀打招呼,相互问候。

4. 头碰头打招呼,相互问候。

【活动注意】

1. 躯体间要轻轻碰触,避免学生用力撞击而损伤。

2. 每次躯体触碰打招呼时候,都要向对方说一句礼貌问候语。

3. 每个人都要参与活动,而且要尽量多的问候同学,活动结束后,老师要统计每人问候的人数,对于问候多的要给予表扬。(此方式仅是为了激励学生积极参与活动。)

二、新年新气象

1. 交流:在这新的一年中,你有什么愿望吗?

2. 教师讲解绘本故事《犟龟》。

3. 小组讨论。

(1)听了这个故事,你想到了什么?

(2)我们每个人心中都有梦想,有的人通过努力把梦想和愿望变成了现实,而有的人梦想永远遥不可及,这是为什么?

三、梦想启程

每位同学一张白纸,请学生画一棵树,树干代表我们四年级的成长足迹,树的顶端代表自己在毕业的时候要达到的目标,并在树冠中写下在新的一年中怎样做才能完成这个目标,完成后在小组内相互分享。

1. 描画"我的四年级成长之路"。

(1)在白纸顶端中央写上"某某的四年级成长之路"。

(2)在白纸上画一棵树,树的类型及大小自己决定。在树的顶端用心写下自己毕业时要达到的目标。

(3)在树冠中写下在这一年当中怎样做才能完成这个目标。

2. 分享“我的新学年成长之路”。

小组间分享自己的新学年成长之路,小组成员彼此互为监督员,在日常学习生活中监督制定者计划完成情况,并于期末总结。

3. 班级内分享。(学生自愿分享)

辅导反馈

第二课　健康的我,独特的我

辅导目标

1. 使学生了解自我结构,学习自我意识与发展潜能。

2. 通过心理游戏、心理剧等形式,使学生认识自我,悦纳自我,并学会自我肯定的技巧及训练方式,培养学生建立良好的心态,身心健康地成长。

3. 利用心理辅导技术进行渗透性咨询辅导。

4. 本节课将以趣味心理活动贯穿整个教学环节，使学生在笑中想，笑中懂，笑中成长。

【辅导建议】

1. 引导学生跨越严肃的“师生关系”，建立良好的“知心朋友”关系是心理辅导顺利开展的关键。

2. 对于本身缺乏自信，自我意识薄弱的学生，仅通过40分钟的心理训练很难达到所有的目标要求，但是只要激发出学生内心的改变欲望，就是成功地迈出了健康的第一步。

辅导时间 1课时

辅导准备 课件、音乐、心灵卡。

辅导过程

一、热身运动

1. 游戏：“大风吹”。

(1)老师站立在圈中央，对学生说：大风吹。

学生齐问：吹什么？

老师：吹穿蓝色衣服的人。

学生：穿蓝色衣服的学生立刻起立，站立3秒钟然后坐下。

老师：吹戴眼镜的同学……戴红领巾的同学……穿运动鞋的同学……扎辫子的同学……爱笑的同学……善良的同学……乐于助人的同学……喜欢交朋友的同学……(活动指向范围从小到大，特点从少数到多数，从外貌到性格、自信等特点等。)

拓展升级活动：“小风吹”。(此活动为备选。)

活动方式与“大风吹”相反。例如，老师说：“吹戴眼镜的同学。”则，不戴眼镜的同学立刻起立。

2. 引出课题：在人生的舞台上，我们时时积累着对自己的看法，心目中从此有了一个“我”，今天我们要讨论的话题是如何客观地认识独特的自己。

（播放音乐，伴着轻柔的音乐，带着快乐的心情，让我们打开心灵之窗，一起进入心灵驿站。）

二、关注自我：我是怎样的人？

1. 引导进入冥想

（1）引导学生身心放松。

（2）冥想。

（播放音乐4-2，出现森林画面）跟着我一起进入大森林，顺着小路，我们慢慢地走，听到了吗，海浪的声音，小鸟在对你唱歌，路的两边长满了美丽的花朵，你呼吸一下新鲜的空气，深深的吸入，慢慢的呼出，做三次深呼吸。嗯，真香，继续走，我们来到一个湖边，清澈的河水如镜子一般，水面上你看到了一个真实的自己，打开心灵的眼睛，观看自己的一切。这个我是谁？这个人快乐吗？独立吗？自信吗？……再仔细看一看，这个我喜欢什么？有什么优点和缺点呢？……回到心灵驿站。

2. 教师自我介绍“我是怎样的人”。

3. 学生填写“心灵秘签”。

4. 游戏：“心灵对对碰”。

5. 讨论。

（1）猜中了，说明什么？说明你对自己有了一定的正确的认识，而且也表现出了真正的你，因此，大家都能猜得出。

（2）没猜中，又说明什么？同学对自己的认识和大家对你的了解不一致，说明你没有真正的了解自己，或者你的行为没有表现出真正的你。

小结：世界上没有完全一样的人，每个同学都有自己的独特性。

说到“独特性”，我想到了一些人。（图片课件：古今对社会有贡献的人；奇装异服的中学生。）

学生谈这些人。

教师小结：独特的我，并不代表必须没有缺点。每个人都有不足的地方，但是，只要认识到自己的不足，勇敢面对，“我”就是最闪亮的，最

健康的！（播放歌曲《我最闪亮》）

7. 励志活动：我为我骄傲！

以小组为单位，按例句轮流填句，并起立大声对组员说：“虽然现在我……还需要努力，但是我……非常好！我为我骄傲！！”

（备注：①填句同学要大声。②填句完毕，小组成员要给予热烈掌声。③对于比较自卑的学生，教师鼓励其在全班同学面前填句，然后全班热烈掌声鼓励。）

教师总结：一个人能否正确的认识自己，将会影响我们的心理健康，如果片面的认识自己，会产生不良的情绪，例如自傲、目中无人、自卑、悲观失望。希望通过今天的活动，同学们能客观地认识自己，自信地欣赏自己。

1. 交流课堂心得。

2. 辅导总结：世界上没有两片完全相同的树叶，每个“我”都很独特，每个“我”的生命都充满阳光。在此我祝愿每一位同学：做一个永远开心、快乐、健康的独特的自己。

辅导反馈

儿童音乐训练 >>>>

第三课 我的心灵小动物

辅导目标

本课通过意象对话(湖边小动物)潜意识投射导入,用趣味形式帮助学生进一步认识自我,情景训练环节帮助学生进一步接纳自己。

辅导时间 1课时

辅导准备 音乐、充足的室内活动场地。

辅导过程

1. 音乐冥想。

(从头到脚部的躯体放松导语)……(背景乐4-3-1)……想象,你走在森林小路上……温暖的阳光照射在你的身上,感觉很舒服……很温暖……慢慢地深呼吸……空气很清新……淡淡的草地芳香味道,闻起来好舒服……再一次慢慢地深呼吸……阵阵微风迎面扑来,送来了阵阵花香……好香啊!……脚下出现一条小路,你顺着小路前行……小鸟在你身边歌唱……从远处跑来一些小动物一起陪你前行,他们一边走,一边在你身边不停地唱歌跳舞……你继续往前走着……面前出现了两棵大柳树,翠绿的柳枝组成了一扇门挡住了你的去路……你慢慢的掀开柳枝,看到了一个湖……湖水很清澈……湖边白雪公主和七个小矮人在做游戏,他们笑得很开心……湖的左边,喜羊羊和朋友们在开心地玩耍,美羊羊穿了一件新衣服在开心地照镜子……湖的右边,Tom猫和Jerry老鼠依旧在追逐、跑闹着……湖的对面有一个小动物……仔细看一看,它是个什么动物?是什么样子的?它在做什么?

……看清楚这个小动物的同学请举手示意一下……好,现在要离开这个童话乐园了……你从大柳树门出来,又回到了森林小路上……深呼吸…… 慢慢地睁开眼睛,回到教室。

2. 交流分享:你看到的小动物是什么?它是什么样子的?它正在干什么?

3. 小组分享。

教师:每个人心中都“住着”一个可爱的小动物,这是你的心灵小动物,这个小动物和你有很多相似处。

4. 思考:自己与这个小动物有什么共同点?

5. 班级分享。

6. 情景训练:奇妙动物园。(背景乐 4 –3 –2)

(1)用你的心灵小动物的独特方式行走,并和大家碰触打招呼。(模拟小动物打招呼,如小兔蹲跳,两手放在头顶当耳朵和别人打招呼。)

教师:刚才的体验大家感受如何?你喜欢你的心灵小动物吗?刚才的活动过程中有没有什么不舒服的地方?如果现在有一个机会可以让你变为另一种动物,你希望改变吗?想变成什么?

(说明:有的孩子不希望改变自己的小动物,那么就让他保持原来小动物的姿势。有的孩子希望改变,则改用新动物的方式行走和打招呼。)

(2)用自己的新身份重新和大家触碰打招呼。

(3)班级分享这两轮活动过程中自己的感受。

7. 学生畅谈本节课的收获和感受。

8. 课堂总结。

【设计解析】

“心灵小动物”是学生们的性格意象,意象小动物代表学生的性格特点。本节课通过潜意识意象的方式进一步帮助学生深入认识自我,情景训练环节帮助学生进一步接纳自我。

第二轮变换身份打招呼活动环节中，学生变换的小动物的一些特点是目前该生身上所欠缺的，是他渴望拥有的特点。因此，此环节让学生成为自己心目中期望的小动物，假设自己已经变为完美，在此基础上通过第二轮活动体验，增强了学生的努力方向和动力，同时也进行了自信心训练。

辅导反馈

第四课　我为我骄傲

辅导目标

1. 通过“目光炯炯”心理游戏，使学生学会自我肯定的技巧及训练方式，培养学生建立良好的自信心态。

2. 本节课将以趣味心理活动贯穿整个教学环节，使学生在笑中获益，笑中成长。

辅导难点

1. 建立良好的咨询关系是顺利展开咨询的关键。

2. 对于本身缺乏自信的学生,在目光对视交流活动中,很难完成任务。

辅导时间 1课时

辅导准备 心灵卡、每人一个小镜子(反面写上“世界上最棒的人”)。

辅导过程

一、课堂导入

1. 完成心理测试题。

2. 自报分数、姓名。

3. 教师:这是一份检测自信度的心理测试。分数高表示自信度还不错,得分低的同学不要灰心,在这节课结束时,你一定会更加自信。

二、学习自我肯定技巧及训练

1. 我们先来做个游戏好吗?——“目光炯炯”。

同学们,你们和别人的眼睛对视过吗?是什么感觉?你能坚持对视多久?

引导学生思考:目光对视时间的长短说明什么?

游戏规则:把对方当陌生人,只能看眼睛,可以眨眼,但不能有其他的任何表情、行为。教师监督、计时50秒,让学生体会心理感受。对视失败立刻举手,记住自己的对视时间。

2. 教师分别采访对视时间最长的人。

教师:能说一下你们刚才对视的感觉吗?你们知道目光对视时间的长短说明什么?(目光注视表示着一个人的自信及诚恳的程度。)

小结:其实只要做到能和对方目光对视,就说明你是自信的,只是每个人的自信程度不同。但是我们可以想办法提高我们的自信。想提高自己的自信吗?

(1)面对你的同学,大声说出他的优点。

(2)让学生将自己最引以自豪的优点大声说三遍,引导学生注意每遍说时的感受,此环节是引导学生自我价值肯定。

3. 交流小结:每一次大声说话的感觉有何不同?(通常情况下,应该越说越轻松,越自信。每大声说一次时,自信度都是在递增的。)你们也是这样的感觉吗?(例如:上课时,所知答案不确定,你会举手起来发言吗?)

教师:你们体验过这样自信的感觉吗?我们一起来感受体验一下好吗?

三、针对性团体咨询,倾听组员心声

教师组织学生围坐,每人说出个人以往自信的经历,包括正面和反面的例子,教师可以从各自的表述中看到每个成员的参与程度、期望、感受,从而适时进行启发和指导咨询。

教师举例美国心理学家试验。

四、巩固健康心理

教师带领全体学生围圈坐,指导放松训练。在训练中,指导学生回顾前面的活动,再次在意识上总结自己的收获。

最后教师授以心理暗示辅导,巩固加深学生潜意识中的自信程度。

教师引导全体学生拉起手来,重温刚才自信的心态、感受信任的力量,并把感受到的力量传播给相邻的朋友。

教师:以后经常这样鼓励自己,你的自信度就会大大的增强。

五、团体咨询结束

【设计解析】

经过前面的团体心理活动,学生一定有各自的获益。在活动后教师带领全体学生围圈坐,指导放松训练。在训练中,指导学生回顾前面的活动,再次在意识上总结自己的收获。

最后教师以心理暗示辅导巩固加深学生潜意识中的自信程度。

教师引导全体学生拉起手来,重温刚才自信的心态、感受信任的力量,并把感受到的力量传播给相邻的朋友来巩固自信度。此外,教师赠送自信法宝"魔镜",教学生获得自信的方法,从而延伸本次咨询的效果。

此环节为本次团体咨询的结尾点睛之处。学生一直以来所了解到的、接触到的大都是意识层面上的教育，但是内心深处的潜意识往往和意识不能协同发展，在心理教育方面，只有帮学生在潜意识中种植上健康的种子，将来才会更加稳固地健康发展。

【辅导建议】

心理健康教育不像其他学科，往往很难在短时间内改变学生长久以来形成的性格、思想、心理状态。有效的方式是，帮助学生先从意识中培养健康的分辨能力，帮他们树立意识行为上的健康方向，然后，心理教师再通过团体辅导，生活教育渗透等形式对学生进行进一步教育指导，这样多管齐下，势必取得良好效果。

辅导反馈

第五课　让爱流动

辅导目标

通过体验式感悟，让学生感受集体的关爱，明确友谊的可贵，人际关系的重要性，从而珍惜身边的人。

辅导时间 1课时

辅导准备 A4纸每人一张、彩笔、感谢卡、背景音乐。

辅导过程

一、团体暖身:内外圈

1. 看着你对面的这个人,你们一起在学校学习有一段时间了,或许已经很久了。你了解她吗? 心里描述对她的印象。

2. 看着你对面同伴的眼睛,如果,他曾经帮助过你,如果,她曾让你感动过,如果……,那么就请勇敢地向她表达出你的感情,真诚地对她说声谢谢。同时用一个你喜欢的方式,把真诚的祝福送给她。(微笑点头,招呼,握手,拥抱等。)

二、团体绘画

1. 画一幅自画像,画纸反面写上自己的名字。(背景乐4-5)

2. 团体自画像。

(1)全班分小组,每组约7人左右。

(2)顺时针传递。每人都在别人的画中填充、加工一下,随意写字、画画,但不能涂改别人的字迹,直到把本组每人的画都加工完。

(3)第2轮绘画传递,检查自己有无遗漏添加的图画。

(4)小组分享:看到转回到自己手中的图画,你的感受是什么?

3. 课程操作提示。

(1)教师引导学生认真对待、真诚参与此活动,避免恶意涂鸦行为发生。

(2)在潜意识中,绘画接力中每人在别人画作中添加的部分象征着给绘画作者的祝福、期望和关爱。

三、点滴感动,真诚祝福

1. 交流以往同学、朋友、老师对自己的点滴帮助和感动。

2. 填写祝福卡、感谢卡,送给亲友与老师。

四、课堂总结

辅导反馈

儿童音乐训练 >>>>

第六课　心灵超市

辅导目标

这是一堂“选择教育”课程。通过模拟商场购物的游戏体验，让学生明白，在生活中有很多东西都是我们渴望的，但是我们无法拥有所有心仪的事物，舍与得往往是并存的。

有时遇到的困难、挫折虽然让我们当时感到痛苦，但它们却是令我们成长为更坚强、更强大的生活教育礼物。

辅导难点

让学生知道，我们拥有的所有东西都是好的，教会学生接受缺陷，积极健康地生活着。

辅导准备

让学生分别带几个自己喜欢和不喜欢的物品到学校。(具体物品数量可根据班级内学生人数教师自定。)

辅导时间 1课时

辅导过程

1. 建立心灵超市。

学生可分小组建立不同的小商店,也可以全班共同建立一个大型商场。学生可利用室内的桌椅一起布置成各种柜台,并摆上同学们拿来的物品。

2. 模拟商场购物。

第一轮购物:首先选择自己最喜欢的物品。

3. 小组分享:分别说出自己喜欢手中物品的原因。(此环节意图为让学生找物体的优点。)

4. 分次扔掉自己可以放弃的,最后剩下1~2样,分别说明为何不舍得放弃。

(备注:在扔物品的过程中,学生会进行玩具对比,这是一个“选择”的过程,对比后选出放弃的玩具,教师此时问学生对比的心路以及为何最后扔掉那个玩具等。这是学生的选择隐喻,教会学生学会选择。)

引导学生思考:为何你会选择留下这个玩具?

(备注:这个玩具一定是弥补了这个学生的某种缺失。对于成人来说留下的东西是因为“有用”,但是对学生来说是因为喜欢这个物品的某些特点,如因为毛茸茸等,学生选择的是对他来说有价值的。)

5. 接下来寻找缺点,让学生知道,任何的东西都是有缺点的,没有完美。

让学生看着自己精挑细选留下的物品思考“如果这些东西再增加……就更好了”。然后引导学生寻找:自己希望的这个优点可能在别的学生手中的物品中有,反复这样训练后,完成“选择隐喻”。

（设计解析：如学生说："我喜欢奥特曼，因为他很厉害。"这些"厉害"会内化成为学生人格中的部分，这样的选择教会学生接受缺陷，愉快地生活着。）

6. 课堂总结。

【课外设计延伸】

在父母心理沙龙中可将此法教给父母，在生活中父母也可以这样训练学生，带学生到超市中购物，采用这样的选择方式，逐渐让学生明白最后只能选择购买一样自己最喜欢的东西，这样训练后，学生就不会乱要东西，而且长大后，对于所有选择都有目标性，不会不知道自己需要什么，这就是人生选择的隐喻。

辅导反馈

儿童音乐训练 >>>>

第七课　美妙心之旅

辅导目标

1. 引导学生认识自我,完善自我。

2. 引导学生在趣味中成长,在体验中获益。

3. 帮助学生树立人生信念和理想。

辅导时间　1 课时

辅导准备　课件、背景音乐、A4 纸每人一张、水彩笔。

辅导过程

全体学生围圈坐。

1. 音乐想象、体验。(背景乐 4 –7 循环播放)

A. 我们正乘坐着一列小火车(也可以是其他交通工具)开始一段旅程,沿途有很多的风景……(循环播放音乐,给学生充足的时间想象。)

B. 旅途目的地。要求每一个学生都要设立一个自己的目的地,并想象目的地的细节样子。

2. 在 A4 纸上用彩笔画下你的旅途和旅途目的地。

3. 小组内分享画作。

4. 音乐行为训练。

(1)自愿在全班分享自己画的学生,让学生在教室内按照自己的图画内容布景,如车厢内和沿途的风景等。(沿途风景体现的就是这个学生的人生哲学。)

(2)分享画作的学生在班级内邀请客人同行(如邀请同学当自己小火车的乘客,乘客人数控制在 6 人以内),一同参观、体验自己的旅程(未被邀请的同学当观众)。

(3)音乐模拟体验。

A. 自愿分享的学生驾驶自己的小火车(交通工具),带领邀请的小乘客们一同体验自己的旅途。小火车(交通工具)行驶中,驾驶员学生边行驶边对大家介绍自己的旅途风景。(有的学生画树,有的画海、商场等,这是该生的人生哲学。)

(备注:当学生讲遇到障碍时,教师适时给予引导和辅导,引导学生把握旅程和生活。详见“设计解析”。)

B. 到达旅途终点后,详细介绍自己的旅途目的地。

5. 学生畅谈感受。

6. 课堂总结。

【设计解析】

人生像一段旅程,我们都会遇到很多的事情,很多的机遇和困难,本节课运用儿童音乐训练,用娱乐性体验教会学生不畏困难,勇往直前,坚持不懈就会成功。

1. 音乐想象、体验:

我们正乘坐着一列小火车(或其他交通工具)开始一段旅程,沿途有很多的风景……学生选择的交通工具就是隐喻,如有的学生选择快车、慢车、车不动等。不动的车就看不到更多的“风景”了(隐喻学生一种对待生活和人生的态度)。此外也可以让学生创造交通工具,这就是创新能力训练了。更重要的是把学生说的这个交通工具和他的生活联系起来,学生的这个交通工具在他的生活中象征着该生努力的方法和途径,如某学生说“我的交通工具是船”,我们引导这个学生明白这个船在他的生活中像是什么。如学生说“这个船就像我,每天早上起来我都会读一篇课文,这就是我的船”。有的学生说“飞机”,问“什么是飞机?”学生说“聪明”。教师说“聪明是要训练的,聪明不能靠天生,我们要学习一下方法……”。此外,学生选择的交通工具还象征着这个学生擅长的能力。

旅途中遇到的障碍代表着这个学生目前生活中遇到的困难，而在这个旅程中，问学生有什么办法，怎样去解决这个障碍，再联系到他的生活，这个学生就会有一些领悟。例如：

学生：我早上总是起不来，我懒惰，这是我的一个障碍。

教师：那么怎样在这个旅行中解决这个障碍？（或“你遇到这个障碍怎么过去？”）

这样再还原到学生的生活教育中，他就知道了我该怎么去解决生活中这个困难。如果我们直接问他：“你怎么解决早上起床这个难题？”学生会很难回答这个问题。但是在这个象征性的活动中，学生会有很多启发。如在旅途中，学生会用个石头，或者在地上贴个标签等方式代表早上起不来，然后教师引导：“遇到这个障碍我们会有什么方法处理然后让小火车继续通行？”

学生：迈过去或绕过去。

教师：好，迈过去，怎样直接地迈过去？

学生：早上直接起来。

教师：怎样绕过去？

学生：晚上早睡，让自己的睡眠充足，质量好……

这样，每个障碍都会得到有效的解决。

2. 旅途的目的地：

目的地就是这个学生的人生理想。用这个方法帮助学生体验他的人生理想，会记忆深刻，同时增强可行性。如我们成人小时候都想过将来干什么，但是为什么几乎都没实现？因为那个理想都只是写成了文字了，它没有变成一场体验。人生哲学是需要体验的，只有体验了才能变成真正的人生哲学。

活动中让每个学生都设立一个自己的目的地，并详细描述这个目的地有什么东西，有什么好的，这个学生的人生理想和信念就在这里建立了。

活动的关键在于体验，真的要让学生在旅程中走走，然后一边走要一边不停地给我们讲解，走到这里是什么障碍，我们要干什么，走到那里是什么，我们要干什么……每个学生走一遍的时候，其他学生要在边上跟着或者看着（当团体成员），倾听他讲解，团体成员中会有共鸣，这样做，即使成员没有上台，但是看到台上体验的同学，台下成员也会有镜像共鸣，从而完形。格式塔的完形就是“用各种丰富的不同的视角去看待这同一个事物，看待人生”，假如这个班级里有30个学生，这就是30个人生世界。每个学生都会从别人的经历体验中看到自己需要弥补的地方，例如一个学生遇到了困难不会处理，通过看其他学生体验相同困难的处理方法，就会学会处理自己的困难，这就是团体辅导的特殊效果。

我们的教育不能变成我们强行给学生的一个东西，因为我们成人的方法不一定适合孩子，但是孩子的方法一定会适合孩子。

辅导反馈

心灵绘本

第八课　你很特别

辅导目标

1. 激发学生阅读兴趣，让学生产生阅读期待。

2. 初步深入自己内心，剖析内心，从根本上树立自信乐观的人生态度。

辅导时间　1课时

辅导方法　四年级学生已经具有了一定的社会经验、知识积累和人生体验，但往往在此时会出现对人生的初步迷茫与自身剖析的模糊痛楚，给他们读《你很特别》，让他们在故事中明晰作为人应该思索的一些东西。

辅导准备　课件、背景音乐。

辅导过程

阅读绘本《你很特别》

独立个体——在这个世界上，每个人都是独立的个体，都各自拥有属于自己的那份空间与灵魂，所以每个人都是特别的，每个人都是平等的。现实生活中，有些人拥有许多的光环，就像书中所说的贴有许多星星的人，有些人却被贴上了许多无形的灰点点，于是有些人就自以为是了，有些人就自卑消沉了。其实，不管是星星，还是灰点点，都是别人加给你的，而不是自己真正拥有的，当你在乎星星或是灰点点时，人生就变得苦累，个人就变成了别人看法的奴隶，真实的自己却不见了，一生如此直到死去，这是多么可怕的结局啊。活出自己，活出真实，这是我们每一个人都值得关注的话题。

自信——只有当你认识到自身的特点、自身的优点，不因别人的褒贬而俯仰沉浮，才会变得自信开朗，才会觉得手边的事情多么有意义，人生才会逐渐清明起来。感谢这本神奇的书，尽管这本书有很浓的宗教色彩，作者也有宗教背景，但它的价值却非同寻常，值得我们一读再读。

一、共读故事，随机设疑

1. 学生一同看无字绘本。（循环播放背景乐4－8和课件）

提醒学生注意观察画面，画面也在讲故事。

教师：你看懂这个故事了吗？说来听听。

2. 小组讨论：你觉得这个故事在讲述什么？

3. 教师讲解《你很特别》。

二、整体回味，感悟主题

让我们来回忆一下这个故事。

（1）回答问题。

微美克人每天都在做什么？

什么样的微美克人可以被贴星星？

什么样的微美克人会被贴灰点点？

胖哥的愿望是什么？

（2）小组讨论回答。

星星代表什么？

灰点点代表什么？

(3)根据自己的实际情况，在本子上写出下列问题。

你有过被别人贴星星的时候吗？

又有过被别人贴灰点点的时候吗？

你有过给别人贴星星的时候吗？

又有过给别人贴灰点点的时候吗？

4. 书中有三类人物：爱评价别人好坏的绝大多数微美克人，一直得到别人不好的评价的胖哥，既不在乎别人的赞扬也不在乎别人的批评的露西亚。

小组交流。

(1)你最喜欢谁？

(2)你最不喜欢谁？

(3)现实生活中，你是谁？

三、课堂总结

1. 书中还有一个人物，伊莱，他是谁呢？这个问题就留给同学们下课后去思考吧。

2. 每天的生活依然在继续，“星星”还会来，“灰点点”还会来，但是，你一定要记住：你很特别！

辅导反馈

五年级　心怀感恩

五年级辅导说明

五年级的辅导主题是感恩。本书分别从感恩父母、老师、同学、朋友等方面对学生进行针对性引导和辅导，同时引导学生从多角度看待事物，所有的事物都有美好的一面，所有的经历都有利于自己健康成长的一面，培养学生积极向上的阳光心态，增强学生的抗挫折能力。

本年级心理辅导设计根据学生的年龄特点以及心理发展特点，通过绘画治疗、儿童音乐训练、心理情景训练、认知行为训练等多元化方式对学生进行针对性、专业性、系列性的心理辅导和心理训练。课程以体验活动辅导为主，让学生在体验中感悟，在体验中成长。本课程已配好相关课件、音频、视频等资料，附于光盘中。

辅导设计意图

感恩是指对别人的帮助给予感激，是对他人施与自己的恩惠表示行动或心理的感谢。感恩包含着三个层面：知恩、感恩、报恩。感恩教育的内容包括对父母、老师、同学、朋友和他人的感恩。本年级团体心理辅导通过一系列的心理活动使学生亲身体验和感受到爱的伟大，从而学会向亲情、友情感恩。

感恩不仅仅是道一声“谢谢”，它要有丰富善良的情感作“根基”；感恩，也不仅仅是礼貌而已，它要有帮助他人的心做“地基”；感恩，更不是人为地做秀，它要有希望别人美好的美德做“路基”。学会感恩，能更懂得珍惜；学会感恩，能更懂得进取；学会感恩，能更懂得宽容。有一份感恩的心，能使学生更快乐和健康地成长。因此我们将辅导的内容确定为引导学生感恩、知恩、报恩、施恩，培养学生拥有一颗感恩的心，用自己的行动回报各方，从而培养学生健全的人格。

辅导目标 >>>>

(一)通过辅导加深师生之间的交流、沟通，使师生之间互敬、互爱，增加师生之间的感情，真正起到良师益友的效果。

(二)引导学生心怀感恩之心，懂得母爱父爱的伟大，珍惜师爱、友爱以及一切让自己得到健康成长的爱的力量，明确只有心怀感恩才能成就未来。

(三)引导学生明确不仅人文关怀是爱，还有对事物的爱，它们都是在帮助我们健康成长。

第一课　新学期从心开始

辅导目标

1. 新学期新状态，通过活动引导学生以全新的姿态迎接新学期。

2. 引发学生对自己梦想的思考，认识到梦想的重要性。

3. 帮助学生明确自己的梦想和新学期的成长计划。

辅导重点

明确有梦想有理想，生活才会多姿多彩，并且梦想是可以实现的，初步规划自己的新学期。

辅导时间　1 课时

辅导准备 A4 纸每人一张、彩笔。

辅导过程

一、暖身活动

手指操。(操作方法视频附光盘)

二、历程回顾

冥想回顾之前的学习、生活历程。

1. 回忆在过去的一年中,你的收获有什么?

2. 有什么事情和经历是你不想要的但是发生了?

3. 有什么事是你想要的但没有得到?原因你觉得是什么?

三、体验感悟

情景剧:请12 位学生进行角色扮演,分成三组,每组扮演一种情况,并摆放好道具。

曾有人做过一个实验:组织三组人,让他们分别沿着十公里以外的三个村子步行。

第一组的人不知道村庄的名字,也不知道路程有多远,漫无目的向前出发了。刚走了两三公里就有人叫苦,走了一半时有人几乎愤怒了,他们抱怨为什么要走这么远,何时才能走到一半?有人甚至坐在路边不愿走了,越往后走他们的情绪越低落……

第二组的人知道村庄的名字和路线,但路边没有里程碑,他们只能凭经验估计行程时间和距离。走到一半的时候,大多数人就想知道他们已经走了多远,比较有经验的人说:“大概走了一半的路程。”于是大家又簇拥着向前走,当走到全程的四分之三时,大家情绪低落,觉得疲惫不堪,而路程似乎还很长,当有人说:“快到了!”大家又振作起来加快了步伐……

第三组的人不仅知道村子的名字、路程,而且公路上每一公里就有一块里程碑,人们边走边看里程碑,每缩短一公里大家便有一小阵的快乐。行程中他们用歌声和笑声来消除疲劳,情绪一直很高涨……

2. 小组讨论。

（1）你认为哪组最先到达目的地？为什么？

（2）哪组很难到达目的地？为什么？（由此引出在实现自己理想的道路上还要制定一些小目标。）

四、我的五年级之路

每位同学一张白纸，请学生画一棵树，树干代表我们四年级的成长足迹，树的顶端代表自己在毕业的时候要达到的目标，并在树冠中写下在新的一年中怎样做才能完成这个目标，完成后在小组内相互分享。

1. 描画“我的五年级成长之路”。

（1）在白纸顶端中央写上“某某的五年级成长之路”。

（2）在白纸上画一棵树，树的类型及大小自己决定。在树的顶端用心写下自己毕业时要达到的目标。

（3）在树冠中写下在这一年当中怎样做才能完成这个目标。

2. 分享“我的新学年成长之路”。

小组间分享自己的新学年成长之路，小组成员彼此互为监督员，在日常学习生活中监督制定者计划完成情况，并于期末总结。

3. 班级内分享。（学生自愿分享）

五、课堂总结

辅导反馈

第二课　成长中的贵人

辅导目标　使学生明确所有的人都能够使得我们健康成长，要怀有一颗感恩的心。

辅导时间　2 课时

辅导准备　课件、每人一张空白纸条、背景音乐。

辅导过程

第一课时

一、生命时间线

1. 思考：如果可以计划自己的人生，你想活多久？

$81-11=70$

$70\times365\times24=613200h$

613200h－255500h（睡眠）－76650h（吃饭）＝281050 小时＝11710 天＝32 年

32 年

（娱乐＋工作＋学习）

2. 教师导语：①请同学们拿起这张纸，我们的生命就如同这张长长的纸，假定我们的生命有八十一年，现在的我们已经十一岁了，失去的时间我们无法追回，所以请同学们将手中的纸条折成八份，撕掉其中的八分之一。

②德国科学杂志统计如果一个人能活八十岁的话，他大概会有二

十四年的时间花费在睡觉上，那么请你撕掉两格多一点。

③我们大约会有五年的时间是在碗边度过的，请你撕掉零点五格。

④大概会有六年的时间是在电视机前、电脑边，电话机旁度过的，请你再撕掉半格多一点。

⑤我们会有五年的时间是在交通工具上度过的，请你再撕掉零点五格。

教师：此时的你们有什么感受？（学生3～5人谈感受。）

（此环节设计意图：珍惜和身边人在一起的时间，珍惜亲情、友情，学会感恩。）

二、新视角读名著

1. 经典故事重读《韩信胯下之辱》。

小组讨论。

（1）韩信为什么非要忍受胯下之辱？如果换成你，你会选择韩信一样的做法吗？你会怎么做？

（2）在忍受如此巨大的屈辱后，韩信后来的生活发生了什么变化？

（3）这段经历对于韩信后来的成就有什么帮助？

小结：健康地成长，我们需要各种朋友的帮助。

三、我真的很幸运！

1. 聆听音乐（背景乐5－2），根据音乐画旋律线。

2. 根据所画曲线高低，相应写出以往自身经历过的积极事件和挫折事件。

3. 小组交流：挫折事件为我们的健康成长带来了什么帮助？

4. 每人在自己的音乐曲线图中，低曲线的位置写上相应挫折事件给自己带来的成长益处。（此处教师一定要给予学生充分的时间思考和书写。）

5. 小结：每一份经历和挫折都是生活送给我们的成长礼物，有的礼物包装精美（生活中的积极事件），有的礼物包装看似粗糙，甚至丑陋

（生活中的挫折事件）让我们心怀怨恨或心存恐惧，但是如果你能带着信心，给它一点时间，耐心、细心地一层层拆开这些难看的外壳包装时（当我们长大后），我们会发现里面的礼物都是非常美丽的，都是让我们成长得更健康，更茁壮的礼物。

四、感恩的力量

感　恩

感谢算计你的人，因为他让你认识到了自己的价值；

感谢帮助你的人，因为有他你才能走得更好、飞得更高；

感谢不认识你的人，因为他们让你变得更加自信；

感谢鄙视你的人，因为他觉醒了你的自尊；

感谢伤害你的人，因为他磨炼了你的意志；

感谢欺骗你的人，因为他增进了你的智慧；

感谢鞭打你的人，因为他激发了你的斗志；

感谢遗弃你的人，因为他教导你该独立；

感谢绊倒你的人，因为他强化了你的双腿；

感谢不爱你的人，因为他让你懂得了自爱；

感谢你讨厌的人，因为他让你能抒发自己的情感；

感谢喜欢你的人，因为他让你更加自信和快乐；

感谢憎恨你的人，因为他们锻炼出你面对困难的勇气；

感谢你欣赏的人，因为他让你在没有目标的时候有一个可以支撑自己的动力。

五、课堂总结

辅导反馈

第二课时

设计理念

团体可以给我们提供这样一个环境：在团体中我们可以做到许多我们平日无法去做的事情，彼此亲密无间；当我们有困难和痛苦时，团体的成员会给我们支持和鼓励；在团体中，我们可以体会到比平日更温暖的感觉。在团体运行的过程中，我们会得到其他人的帮助和支持，有的时候我们也许并不知道究竟是谁在帮助我们；有的时候我们也会默默地帮助其他的人，而正是这种彼此相互支持、帮助的良好氛围能够带给团体成员很大的收获。本活动的设计就是在给学生带来惊喜的同时，让学生在团体中体验帮助和被帮助的感受，从而心怀感恩。

辅导目标

1. 引导学生学习在团体中的人际付出与收获。

2. 引导学生对其他成员产生积极期待，形成良好团队气氛。

辅导时间 1课时

辅导准备 小纸片、学生自备的小礼物。

辅导过程

1. 活动实施一:天使分配。

教师需要在第一课时的开始进行这部分准备活动。分发给每个学生一张小纸片,要求他们写上自己的名字,折起来放在中间。所有人依次从中间的纸片里抽出一张,如果正好是自己的名字,就放回去重新再抽取。直到所有人手上都有一张写着别人名字的纸片。在抽取纸条的时候要小心,不要让其他人知道你抽取的名字。

2. 教师引入。

"我们每个人都拥有一个守护自己的'小天使',我们每个人也都要做班级里某一个同学的守护'小天使'。你抽取的纸条上写着谁的名字,你就成了谁的守护小天使。你的职责就是在未来的一个星期中悄悄地关心他,帮助他,但是不能让他察觉到是你做的。此外讲台边上的桌子是'天使角',你可以悄悄准备一份小礼物或一张小卡片,写上他的名字,我会在下一次活动以前帮你转交给他。到下一次心理课上课的时候,我们再来看一看'小天使'为他的守护者都做了些什么;猜一猜,谁是你的'小天使'。"

3. 活动实施二:天使行动。

教师在每天固定时刻关注一下"天使角"摆放了多少礼物,并当着全体学生的面,一一分发这些礼物,让收到礼物的学生接受其余学生的祝福。

4. 活动实施三:天使认领。

在下一次上心理课的时候,带领学生回顾这段时间中自己得到的"小天使"的关心和帮助,留出足够时间让他们相互猜测,谁是自己的"小天使"。如果猜测正确,引导受到关心的同学用拥抱等方式感谢自己的"小天使"。

5. 讨论与分享。

在完成全部“天使认领”工作后，带领学生一起讨论以下问题：

(1)你是谁的小天使？你为你的关爱者做了些什么？

(2)你的小天使是谁？你感觉他为你做了些什么？

(3)回忆这几天来做“小天使”，默默为别人服务的情景，你有什么感受？

(4)默默接受别人的关心和帮助，你有什么感受？

(5)当你知道身边的人都在偷偷地互相帮助，你有什么感受？

【辅导建议】

1. 在团体训练开始阶段也可以使用其他方式分配个人的“小天使”，例如：使用情绪扑克牌或临时制作的小卡片作为辅助，首先每个人抽取一张牌，彼此保密，把自己的牌默记在心中；接着把牌重新打乱，让每个人重新抽取一张，这次抽出的牌必须摆在自己胸前，让所有其他同学看到，但自己不能偷看；同时，查看周围同学胸前的牌，谁的牌跟你上一轮抽取的那一张一样，谁就是你的关爱者。

2. 你还可以增加一个“大天使”的角色：如果有学生抽到的是自己的名字，他就可以扮演“大天使”，他的职责是尽力帮助团体内每一个人，扮演每一个人的“小天使”。

第三课　父爱如山，母爱似海

辅导目标

知识目标：知恩——知道什么是感恩，为什么要向父母感恩。

能力目标：报恩——教育学生用合适、恰当的言行方式回馈父母恩。

情感目标：感恩——使学生心怀感恩之心，懂得父母爱的伟大。

辅导准备

课件、音乐、视频、心灵卡、阅读稿。

课前摸底

1. 近期有无学生家庭丧失亲人？

2. 有无单亲家庭？（如有这样的学生，在辅导过程中，一定要密切关注！一旦出现情绪不稳定等状况立刻给予相应处理！尤其对于失去母亲的孩子，他可以根据自身状况自由选择是否上此课，教师一定不要勉为其难。）

辅导过程

一、团体热身：走进内心

1. 穿越丛林。（找学生分角色扮演）

游戏规则：

◎有一天，你决定带着孔雀、大象、猴子、老虎和狗5只动物去原始森林探险，为了能顺利地穿越这片原始森林，因为种种原因你不得不先后放弃这些动物，最后只能留下一种动物陪你。

◎你会如何抉择？

◎请填写出你的选择顺序。

◎你做出这些选择的理由分别是什么？

◎曾有一个同学是这样选择的：猴子——老虎——大象——狗——孔雀。他说：在它们当中，只有孔雀是最没有自我保护能力，最弱小的，我怎么能轻易放弃它，让它陷身于一个危险的环境中呢？

(1)“小动物”们依次谈感受。

(2)“我能为你们……(做什么)”

时间:6 分钟。

小结：我们平日经常就是这样的，太多地考虑了别人会为我们付出些什么，考虑更多的是自己的利益和需要，很少去关心别人需要我们去做什么，不关注他人的需要，所以我们常常会觉得别人不理解我们，其实是我们不理解别人的需求，不关注他人的处境。

2. 吃活蟑螂。

教师：很多固有观念已经成为了我们的习惯，要想改变并不容易，但也不是不能改变的，关键是看你是否愿意去改变。例如，现在我请大家吃活蟑螂，你吃吗？

游戏规则：

◎假如给你 1 元钱，要你吃一碗活蟑螂，你吃吗？

◎100 元？

◎1000 元？

◎10000 元？

◎100000 元？

◎1000000 元？

◎10000000 元？

◎100000000 元？

(随着钱数的增加，有部分同学会改变。)

教师：还不吃？很好，面对这么多钱，大家都能不为钱所动，但是生活中很多人就经不住钱的诱惑。

◎我们换个假设，看你吃不吃：如果你不吃，就立刻枪毙你的家人。

（全部都表示：吃）

教师：为什么？（多让学生发言）

教师：很好，大家都知道家很宝贵，宁可委屈自己也要保护家人，这是很难得的！

时间：5 分钟。

小结：我们有很多固存的观念或习惯并不是不可改变，而是在于……（学生答）……关键在于你自己，你到底愿不愿意去改变，我们的爸爸妈妈也同样为了我们而改变了很多。钱可以改变我们的观念，生活中还有很多比钱更可贵的东西，比如亲情。既然我们如此看重亲情，就让我们先从了解爸爸妈妈的点点滴滴开始吧。

二、感知母爱

1.《疯娘》欣赏。

教师：下面邀请几位同学朗读一篇文章。请大家细细品味其中的人生哲理。（找三名朗读好的孩子读资料，最后一部分最好由教师亲自朗读，文章的结尾是情感高峰，教师成熟的朗读效果更容易激发学生的情感高潮，使得感恩情感在此处达到第一个高峰。）

时间：20 分钟。（持续放背景乐 5－3－1）

小结：听完疯娘的故事，你有什么想说的？（让学生畅所欲言。）

【应急处理措施】

如果此时，大部分学生依然哭得很厉害，情绪不容易平复，则教师要立刻进行如下操作：

（1）更换为音乐 5－3－2。

（2）教师：疯娘让我们感动，相信大家此时心中有很多感触，或许你有些话想对疯娘和作者说，或许《疯娘》的故事又让你联想到了别的什么……现在，让我们全体起立，围圈，拉手，把你心中的感受、想说的话，勇敢的大声地说出来！（哭得最厉害的几名学生，在班级圈内拉手围成小圈！教师不停地鼓励学生一定要睁开眼睛回到当下现实场景，同时，每个人一定要大声说出自己心中的感受。)

(3)教师带领学生做深呼吸放松训练。

课程继续。

教师:现在感觉心里好些了吗?

疯娘很伟大,我们的爸爸妈妈同样伟大。(音乐停止)

曾有个同学对我说:我的妈妈不伟大,她只喜欢打麻将……我请问在座的同学,你们的爸爸妈妈有没有一些你认为不好的,或者你不喜欢的爱好和习惯呢?有的请举手(很多同学都举了手)。那么,是不是他们有了这些不好的爱好或习惯就代表他们不爱我们了呢?……不!……《父爱如山,母爱似海》

疯娘很伟大,我们的爸爸妈妈呢?……我们的爸爸妈妈更伟大!

2. 我的父爱母爱故事分享。

(1)flash(《母爱视频》)

2008 年的汶川地震,多少母亲用自己的身体护住了孩子,牺牲了自己。(教师讲解课件中的图片实例。)

母爱是伟大的,是无私的,多少母亲在地震中为了拯救孩子,离我们而去,她们的淳朴善良,她们的无私母爱,让我们对亲情有了更深的感悟。在地震中的母亲们,把这份无疆的人间大爱推向了极致。让我们为这些母亲祝福,祝福我们的母亲永远健康,平安!

教师:难道这些父亲、母亲生前就没有不好的习惯,他们中就没有喜欢打麻将的吗?但是,在危难时刻,他们依然毫不犹豫地用自己的生命保护孩子。

每一个母亲都是伟大的,不仅仅是疯娘!或许她们有一些你不喜欢的习惯、爱好,或许有时候她们还会很凶地对我们发脾气,但是在危难时刻,她们都会这样用自己的生命捍卫你们。当然,我们不希望发生这样的时刻,我们都希望我们的爸爸妈妈能平平安安。

现在,全体起立,围圈,闭眼。

教师:让我们一起来回忆我们的父母一直以来为我们付出的点点滴滴,或许很平凡,但同样伟大!(此处停顿2分钟,给学生留出充足的时间和空间回忆)。……想象……我们双手捧住这些宝贵的记忆,放在胸口……做成一颗恩情种子,种入我们心田……珍藏起来……。

(2)我的父亲、母亲

分享发生在你身上的关于自己父亲、母亲的伟大而又平凡的亲情故事。(音乐渐小,直至停止!)

教师:很多看起来平常的事情,其实我们都记在心里了。

当下次你再次对父母发脾气的时候,或者做会让父母伤心的事情的时候,建议你想一下这颗恩情种子,它会帮你化解你的不良情绪,你的脾气就会减少很多了。况且,爸爸妈妈还给了我们生命,使得我们今天能够站在这里,还有机会发脾气。下面有一些问题,看看,你能做到吗?

小结:我们的母亲为了自己的孩子可以付出一切,乃至生命。他们也给了我们生命。

3. 自我测验。

(1)连续3个月每吃完一餐就须催吐(孕吐),您能做到吗?

(2)肚子塞一颗篮球3个月(怀孕),您能做到吗?

(3)10个月不能喝冰水、咖啡、茶,您能做到吗?

(4)5个月睡觉不能翻身,您能做到吗?

(5)10个月不能出游远行,不能跑跳,您能做到吗?

(6)10个月不能生病,不能吃药,您能做到吗?

(7)1个月不能洗澡,不能洗脚,不能刷牙,吃的饭菜不放盐,您能做到吗?

(8)1个月不出家门,不能看电视,打电脑,不能下床等,您能做到吗?

(9)晚上睡觉每二个小时起床一次,清醒30分钟一个月,您能做到吗?

时间:10分钟。

小结:这些我们都很难做到,而我们的妈妈却都做到了,如果她没有做到,那就不可能有你的存在,就为了妈妈做到的这些,我们是否也应向我们的妈妈感恩,说声谢谢呢?

三、感恩行动

1. 游戏规则。

(1)《增广贤文》里有这样一句话:“羊有跪乳之恩,鸦有反哺之义。”(羊知道喝奶时先给母亲下跪,谢谢母亲的哺育之恩;乌鸦知道在母亲老时,反过来哺育自己的母亲。)

(2)回报的方式多种多样,我提议每个同学现在就拿出你的行动开始感恩吧!

(3)在“感恩卡”上写下你想对你的爸爸妈妈说的话。

(4)把《感恩的心》这首歌送给我们伟大的爸爸妈妈。

时间:20分钟。

2. 老师总结。

感恩需要的不仅仅是停留在心里的感激,而是需要拿出行动的。因此,建议每一位同学行动起来,感恩从母亲开始,拿出你的勇气把“感恩卡”送到爸爸妈妈手里。

(1)随机抽几个同学起来朗读他写下的感恩小语。

(2)通过这次团体辅导你感受到了什么?

教师:在我们的成长中需要感激的人不仅仅是我们的爸爸妈妈,还有很多很多,如我们的老师、我们的同学、我们的朋友、我们的邻居……可以说,和我们接触过的所有认识及不认识的人,我们都需要心怀感恩之心,唯有如此,我们才会更加幸福地成长。莫忘感恩,爱需要我们用行动去表达!

教师:最后让我们一起将这首《感恩的心》送给我们的爸爸妈妈。送给那些让我们成长的人们吧。(播放视频。师生同唱手语歌曲《感恩的心》!)

第四课 彩色的性格,炫丽的我

辅导目标

1. 引导学生科学地认识自己的性格特质。

2. 让学生明确性格无好坏,彩色性格各有绚丽之处。

辅导时间 2 课时

辅导准备 性格问卷、课件。

辅导过程

1. 性格问卷测评。

(1)导语。

每个人都有自己独特的性格特点,为了便于了解、研究人们的性格特点,美国心理学家把人的性格用色彩来表示,分成了红、黄、蓝、绿四种颜色。在各种不同的性格基础上,我们要发挥我们的优势,突破我们性格中的有待提高部分,心理学中称为“限制”,从而能更加快乐、幸福地生活。

(2)完成测试问卷。

A 得分最多的——红色

B 得分最多的——黄色

C 得分最多的——蓝色

D 得分最多的——绿色

2. 小组合作探究。

(1)相同颜色的学生组合为一个小组。

(2)小组交流讨论:在这个小团体中,大家性格的相似点有哪些?

(3)小组代表总结发言,并向其他组介绍本组成员。

3. 性格分析。

A 活泼型:博爱型、魅力型。(外向、多言、乐观)

B 力量型:领导型、帝王型。(外向、行动者、乐观)

C 完美型:内向　思考者　悲观

D 和平型:和平型、服从型、和谐型。(内向、旁观者、悲观)

4. 色彩性格学坐标解析。

横坐标是从慢性子到急性子,由内向到外向。纵坐标是从理性到感性,“理性”叫目标导向,“感性”叫人际导向。红和黄都在右侧,偏外向。蓝和绿都在左侧,偏内向,红、蓝偏理性(目标导向,他们永远关注目标、结果);黄、绿偏感性(属随遇而安型的,他们追求的是情感的舒适和人际关系的和谐)。

5. 性格家族大体验。

(1)分小组,分别角色扮演 4 种性格人的经典对话,体验不同性格人的为人处事特点。

(2)分享交流感受

6. 彩色性格规划。

为“我的性格颜色”鼓掌!

每一个颜色都是好的!不需要减少什么,只需要增加点什么。

红色:需要注意增加关注别人的感受。

绿色:好好爱自己

蓝色:标准的理性。

黄色:最容易没有自己,没有他人,没有情景,容易趋向逃避。引导黄色回到当下。

7. 课堂总结。

辅导反馈

【补充资料】

A 得分最多的——活泼型——红色　——猪八戒

B 得分最多的——力量型——黄色　——孙悟空

C 得分最多的——完美型——蓝色　——唐僧

D 得分最多的——和平型——绿色　——沙僧

没有完美的人,但是有完美的团队。　——唐僧师徒

【性格分析】

A 活泼型(红色):博爱型,魅力型。外向　多言　乐观

非常有影响力,影响力会影响一大片人和他一样快乐起来。

最活泼、可爱的一群人,他们的核心价值是“快乐、好玩、有趣”,他把什么都会用好玩来评价。如果听他们说“好玩”,就是对那个事物的最高赞赏。“新奇”只要没见过的东西,他们都会非常感兴趣,所以他们也是充满探索精神的一群人。如果按捣乱程度来看,红、黄居多(例:男孩挤牙膏、烤温度计、拆卸玩具及小电器等)。红色的孩子在家挨揍比较多,因为他们的探索精神是父母所不能理解,不能接受的。红色的孩子不是故意的破坏性,他们只是觉得好玩,好奇。

黄色的同学作业会很快完成,红色的同学则慢,红色会很善待自己,不逼迫自己,作业慢点就慢点,只要自己开心就行。

红色最好的搭档:蓝色。

全班为红色同学鼓掌:红色是最能带给我们快乐的。

特点:一群人里面说话最多的,天生希望成为注意力的中心,具有很强的好奇心,热情、热心,具有表达能力,精力充沛,具有干劲(但是却缺乏毅力,所以常常这干干那干干)。喜欢表现,粗线条、轻许诺(因为热心所以常常答应帮助别人,但是由于记忆力差所以常常答应后就忘记了),以自己的快乐为主。

自我规划

1. 管住自己的嘴。

2. 控制自己的表现欲望。

3. 对自己的评价不要过高,关心自己的同时也要关心别人。

4. 不要太善变,要脚踏实地做事,而且要做就要把一件事做完整。

B 力量型(黄色):领导型、帝王型　外向　行动者　乐观

黄色的人特别有主见,有力量,很有组织才能。

核心价值:征服、成功、优秀、卓越。永远要证明我是最棒的,我是

对的。“我从来不会错，如果我错，就是因为你先错，所以我才错”。

代表人物：毛泽东，邓小平，比尔盖茨“永远做第一，第二都不行”，乔布斯等。

所以黄色人争胜心很强，做什么事都不甘落后，因此容易在事业上成功，在家庭中说了算。比尔·盖茨和他的合作伙伴说：“我是最好相处的人，只要你让我说了算。”

产生故事的人，最能折腾的人，最容易成功。黄色是天才型。对于黄色的孩子，作为师长，要帮助他顺势发展，老师和家长要向好的方向去引导他，不能强势打压。

黄色最好的搭档：绿色。因为绿色最擅长的不是定目标，而是跟随。有人定了目标，他去执行。他们是一对出色的搭档。

全班为黄色同学鼓掌：没有他们，我们就没有方向。

特点：喜欢做主，行动力强，行动速度，思考力稍弱，喜欢做目标，不达目的不罢休，充满自信，意志坚定有活力，做事主动，不易气馁，是推动别人行动的人。粗线条，不容易适应环境（不过由于行动力很强所以往往做事会有很大成就）。

需要注意的地方：不易看到别人的需求，只看到自己的需求，做错事后很容易原谅自己，固执，易争吵，好斗，说话极易伤害别人，很容易支配别人，无耐性。

专横，容易导致人际关系差。（这类人总觉得自己是对的，不太需要朋友，并且这类人天生行动力强，但是即使是正确的事情也因为性格问题说话伤害到别人，而得不到别人的支持和认同。）

注意点：这类型的人群中严重者会很独断、霸道，容易让别人感到压力，相处很累。

自我规划

1. 减轻对别人的压力，学会放松，要缓和。

2. 尝试接受别人的号召和意见，尝试耐心和低调。

3. 停止争吵，让别人也感觉到放松。

4. 学习包容，学会道歉，学会坦然接受自己的错误，放开胸怀（当一个力量型的人学会承认错误那么他便成功了）。

C 完美型（蓝色）：内向　思考者　悲观

四种颜色中最追求完美的一类人，要想完美，是最累的，所以他们是最累的一群人。

蓝色带给我们“精确、标准、秩序”。

特点：以思考为主，深思熟虑，严肃，有目标并且目标感很强，追求完美，有艺术天分，沉闷。关注细节，完美主义，高标准，想得多但做得少，做事前一定要先想个计划，有条理，有组织，交友慎重（一旦交往到朋友就会很忠诚地对待朋友），关心别人，为别人牺牲是自己的意愿（所以这类型的人一生一定有几个特别好的朋友，作为一辈子的朋友那种），情感丰富容易感动，也容易受伤，高标准——对自己要求高对别人要求也高，希望一切都做得很好很对。理想主义朝着自己的目标前进。

缺点：行动力弱，优柔寡断容易抑郁（常常是因为要求过高了，当达不到就会很失望），容易自惭自愧，悲观，天生消极，易受环境影响，情绪化。

注意点：这类型的人太容易思考，过分时会情绪低落。

切入点：如果想和此类型的人交往一定要先打动他，要一点一点地建立信任和感情，这类型的人一旦认同你后会很忠诚忠心。

自我规划

1. 要快乐起来（没人喜欢郁闷的人）。

2. 不要太敏感，那样容易受伤害。

3. 不要把时间都用来规划上面，要多行动。

4. 不要那么高标准地要求别人，要去发现别人的优点。

D 和平型（绿色）：和平型、服从型、和谐型。内向　旁观者　悲观中国人绿色占多数,有时候甚至占有一半。他们是最好的合作伙伴,他们是最默默无闻的一群人。

优势:合作、善解人意。他们非常善于“听”。我们中国人讲究“中庸之道”,追求主食和谐。所以绿色的人身体相对都比较健康,生病少,他们注重和谐,讲究平衡。

核心价值:和谐、安全、稳定、合作。他们最害怕冲突、变革的人群。不喜欢动。(开个玩笑,上厕所都固定坑)

特点:性格低调易相处,轻松平和,耐心、适应力强、无攻击性,很好的聆听者,具有外交手段(说话委婉,令人易接受),人际关系好(和事佬),所以朋友很多,不爱生气。

缺点:不容易兴奋,拒绝改变,喜欢一成不变,目标感不强,看似懒惰,不愿承担责任,回避压力,沉默(不愿意沟通,即使内心波涛汹涌……所以这类型的人常常都不会说我爱你),马虎、无主见(需要力量型的人给予指导,但不要施加压力),不善于做决定。

切入点:和这类型的人交往一定要鼓励他,促进他。

注意点:这类型人群特点过分时会毫无主见,做事漫不经心。

自我规划

1. 让自己快乐起来多给自己尝试新鲜的事物和思想。

2. 明确生活的责任,避免得过且过。

3. 有意识接受督促(多与力量型或完美型的人交友)。

4. 多表达,勤沟通。

希望这些能够给大家带来帮助,知道自己哪方面比较不足,然后尝试改善自己,使自己更加完美!

据调查,很多成功人士的性格主要是完美型+力量型。(思考者+行动者)(分数都很高,并且比较平均)

但是很多成功人士并不是天生就是这两种性格的,而是经过了后天很多的性格改变和培养。

《西游记》里面，师徒四人之所以最后会取得真经，获得成功，什么原因？“没有完美的个人，只有完美的团队！”“每个人的缺点，都是他的优点的极端表现形式。”如果你的孩子丢三落四、没心没肺，那么恭喜你，你的孩子一定是黄色。黄色的特点是“反应快，善于交际”他很有创意，有很多点子，适合创造性的工作。“21 世纪最贵、最珍贵的是——金点子”

唐僧：蓝色。制定标准，念紧箍咒。

蓝色：对自己和别人要求都很高。

孙悟空：黄色。降妖除魔，解决问题。行动力很强，但是他的能力也有限，取经途中只有三打白骨精是独立完成。其他的都是请援兵完成的任务。所以，红色是最善于组织的，他非常善于发现每个人的优势，知道哪个妖魔，什么人才能降服它。遇到实在不知道的，就去问土地神仙。

黄色：最能惹事，让别人不舒服，自己最舒服。对别人要求很高，对自己要求很低。

猪八戒：红色。逗乐，团队减压。如果没有猪八戒，这个团队在途中一定会抑郁而死。不累死，也得闷死。

红色：对自己、别人要求都很低。一个人不快乐，不是因为让他开心的事少，而是因为他缺少一双能够四处挖掘快乐的眼睛。

幸福是什么？不是因为我们拥有得多，而是因为我们计较得少。

沙僧：绿色。人群中最不显眼的。永远是牵马的，化斋的，团队吵架的时候去调解的。

绿色：要求自己很高，要求别人很低。

这四种颜色的人会决定他们的生活状况。

例：美剧《超感神探》、《犯罪心理》里面的团队，团队的破案率是全国最高的，投诉也是最多的，团队主色偏红，团队领导都是很蓝色的。因为这样的团队容易没有规矩，需要蓝色的领导来带领。

第五课 心弦之音——《丁香花》

辅导目标 通过音乐治疗植入积极感恩信念，教育学生珍惜友情。

辅导时间 1课时

辅导准备 歌曲、课件。

辅导过程

一、团体暖身

默契沟通活动："生日排序"。

(1)所有学生按照生日的日期排序，围圈站立，在排序过程中，不能用语言沟通。

(2)活动分享和总结。

二、聆听心弦之音

1.《丁香花》歌曲欣赏。

2.教师讲述歌曲背后的故事。

3.学生分享故事感受。

4.思考：生活中，你有这样友谊的朋友吗？你们是怎么相处的？(小组分享)

三、感悟珍惜

1.小组分享。

列举你生活中最重要的朋友，小组交流朋友对你的帮助，以及你对这份友谊的珍惜。

(备注：一定确保每位学生都充分发言。)

2.心语信笺。

为好友写一封心灵信笺，感谢一直以来他对你的帮助，告诉他你很珍惜你们的友谊。

五、课堂小结

六、心语速递

利用课余时间,把心语心情送达好友。

辅导反馈

【补充资料】

丁香花

“多么娇嫩的花，却躲不过风吹雨打！”

曾梦捷是个苦命的女孩。1984 年 1 月 26 日，她出生在浙江省温州市泰顺镇，刚落地不久，父亲就撒手人寰。她自幼体质羸弱，不久就生了一场大病。母亲无奈把她送到远在四川达州的伯父家。经医院检查，梦捷得的是严重肺炎并发脓肿，虽经抢救保住了小生命，可右肺部分已呈坏死状。

从此，伯父就收养了这个苦命的小女孩。她管伯父叫“老爸”，管伯母叫“老妈”。这个家的每个成员都对梦捷关爱有加。她每天都要吃很多种药，依她自己的话说，是“一桶一桶地吃”。就这样，她被“一桶一桶”地灌养到了 12 岁。

1996 年夏天，在外地上学的哥哥回家看母校的老师，归来时突遇大雷雨。哥哥打电话回家要雨伞。梦捷知道后，提着伞就冲进了倾盆大雨中。没想到这次淋雨竟把梦捷推向了死亡的边缘。当天晚上，她就咳个不停，一咳就吐血，一咳就昏死过去。家人立即将她送到成都抢救，她的右肺被全叶切除，成了一个地地道道的残疾人。

那时梦捷已在达州一中上初中，完全明白自己是怎么回事了。她也在一个偶然的机会知道了自己的身世。起初她绝望、哀伤了好一阵子，时日一长就把生命看得淡了。她知道自己活不了多久。原本就好静的她在老妈细心呵护下，多数时间徜徉在书海之中。

梦捷每天只去学校上半天课，但成绩却出奇得好，不为别的，只为给老爸老妈争口气，不辜负他们的养育之恩。至于上大学，她说：“我这种朝生暮死的身体，光体检就无法通过，还谈什么考不考？”这种先天性的失落让她常常长时间站立在阳台上，幽怨的目光总是湿漉漉的。

特别是 2002 年 8 月 5 日到成都例行检查的结果出来后，梦捷更加沉默寡语了。她的痼疾已经影响到心脏,她知道"那一天"快来了,她已经听到了生命倒计时的滴答声。

老爸老妈打算送她到北京治疗,可她坚决不同意。"为什么你这样倔强?为什么不肯治病?"老妈问。"你们再要逼我治病,我就去死!"一家人都不敢吭声了,其实谁都明白小梦捷的良苦用心;她不愿再麻烦这个家庭了。

就在梦捷生命最后的时光里,她无法去上学了,只好呆在家里,难挨的时光就像地平线一样漫长。

哥哥很爱妹妹,梦捷的病是他心头最大的痛。每次放假回家,他都不敢面对妹妹那双幽怨的眼睛。妹妹那样有才华、那样有爱心,可没有未来——她快要死了。

他想给妹妹做点事,让她忘掉病痛和死神。2002 年 9 月 4 日,哥哥用暑期打工挣的钱给梦捷买了一台电脑。他告诉妹妹:"这里面有一个多彩的世界,你进去看看吧。"

"多么忧郁的花,多愁善感的人啊!"

梦捷成了一个网民。也许是缘分吧,她第一次上网就点开了碧海银沙语音网,来到了著名的"美文之声"朗诵大厅。这里集中了很多朗诵艺术家和爱好者,还有很多作家、诗人也在这里开有专栏。梦捷一下就喜欢上了这里,喜欢这里儒雅自由的气氛。

梦捷结识唐磊纯属偶然。那时,唐磊已经从山东建筑材料工业学院毕业了,分配到深圳水务集团工作。他利用业余时间从事音乐创作和表演,是网民中很有影响的网络歌手。2002 年 10 月的一天,在无意中,他来到了"美文之声",随便取了一个网名"落雪飞花"进去了。恰巧,梦捷在里面,他的网名立即引起了她的注意。梦捷觉得"落雪飞花"好美,马上赞叹道:"你的名字好有诗意!轻盈洒脱,寓意超绝!"

唐磊自然得意。他可能是想考考她,故意问:"为什么?诗意表现在何处?轻盈在何处?寓意在何处?"

梦捷微微一笑，娓娓道来："宋人有'雪似梅花，梅花似雪，似和不似都奇绝'之词。从诗词平仄来说，落雪飞花，仄仄平平，读来语音清扬，抑扬顿挫，能动摇人心，好听！从词义来看，这名儿让人遐思翩跹，好意！"

唐磊顿时愣住了，半天回不过神来。他自然明白网上"高人"多的是，但像梦捷这样把他的化名信手拈来分析一番的却还从未有过。他望着梦捷的话，想叫声好，无奈找不到恰当的言语。

梦捷又"说话"了："我很喜欢这种情愫——好凄美的境界。飞落雪花一片，捧于手中，待欲细看时，早化为莹莹水珠一滴。让人心悸，让人心伤。"

从此，梦捷与唐磊成了无话不谈的朋友。

有一次，梦捷与唐磊聊天，说到自己最喜欢的花。她说最喜欢丁香花，可唐磊却不以为然。梦捷告诉他，那是一种紫色的小花，非常漂亮，象征友情。旋即，唐磊说："你何不给自己取一个网名，就叫丁香吧。"

这句话一下点醒了梦捷。在她的生命里，会经常出现一个梦，梦中会出现一匹漂亮的小白驹，一直在召唤她。小白驹一路奔跑，从这世界一拂而过，在落霞里奋蹄向西，最后的目的地是一座长满了丁香花的坟地。这使"丁香"这个名字顿时有了一层凄美的意味。她打心眼儿喜欢这个名字。

从此以后，梦捷变成了网络世界里一朵结着美丽愁怨的丁香。

丁香成了唐磊心中的一个期待。他几乎一有时间就来到"美文之声"，一见到丁香，他心里就会莫名涌起一阵温暖。

但他压根没有想到，丁香是一个病入膏肓的绝症患者，一个在聆听自己生命倒计时的垂死生命。他依然与丁香开着玩笑，嘻嘻哈哈，逗得丁香开心地大笑起来。其实，她的笑容是强装出来的，疼痛难忍时，她苍白的脸上冷汗直流，但依然挂着一丝艰难的微笑。事实上，丁香多次在电脑前昏倒，多次在键盘上咯血。

唐磊也搞不懂丁香，明明在说话，却突然咳嗽起来，然后莫名消失了。有一次，唐磊很不开心，一家唱片公司说好与他签约，可又突然变卦了，让他心间“暗无天日”。他给丁香说了一大堆委屈话，末了还连问了十几个“为什么”。丁香一直微笑着听完他的话，没有说什么，只是给他送了一首叫《凡事感激》的小诗：“感激伤害你的人，因为他磨炼了你的心态；感激绊倒你的人，因为他强化了你的双腿；感激欺骗你的人，因为他增进了你的智慧；感激蔑视你的人，因为他觉醒了你的自尊；感激遗弃你的人，因为他教会了你独立。凡事感激，学会感激，感激一切使你成长的人！”

读完这首诗，仿佛一抹阳光透过窗棂，唐磊心里豁然开朗了许多。他突然有了一种想见见这个如“丁香”一般奇绝女子的念头。他连忙问她在哪里，丁香格格一笑：“我在网上。”唐磊没辙，又问：“你多大?”“你觉得我多大就多大。”“那你就是一个老太婆，有80岁了。”

这句话让丁香沉默了，久久不回答。电脑前的她已经是泪流满面，她真想活到80岁，哪怕活一半也行，可命运不会给她这么长的时间了。医生断言，她活不过20岁。

在后来的接触中，唐磊明显感觉到这个女孩不一般。经常在通话的时候，她会突然不说话了。唐磊长时间地等待，QQ发了无数个，UC也发了无数个，依然没有回音。而她的QQ和UC始终没有下线，依然鲜亮地摆放在那里。

唐磊隐约觉得有大事发生。这之后，很长一段时间丁香没有出现在网上，她就像一阵风莫名地消失了。

在这期间，唐磊的歌唱和创作已渐有起色。2003年10月他代表深圳参加了全国校园音乐先锋原创歌曲比赛，还在深圳雨花音乐西餐厅举办了个人作品的演唱会，已经有唱片公司频频和他联络。

“那坟前开满鲜花，是你多么渴望的美啊！”

2004年1月27日，丁香突然在网上给唐磊发来一个问候，很不好意思地问他在哪里。

唐磊那时正在北京，在一个录音棚里录制新歌。

“我想见见你。”唐磊觉得奇怪，忙问她在什么地方。

“我在北京大学附属医院。”丁香在北京？还在医院？一种不祥之感涌上唐磊的心头，连忙问：“你生病了吗？”

“你见了我，就什么都清楚了。”事后唐磊才知道，丁香是专门来北京找他的。原先她死活不同意老爸老妈把她送到北京治疗，后来，听说唐磊去北京录歌了，她于是就顺从了老爸老妈的意思。其实，赶赴北京，她只想在生命的最后时光亲眼见见唐磊。

见面在溢满丁香花气息的病房里，没有拥抱，没有亲昵的问候，也没有初见时的羞涩，他们就像久别重逢的老朋友一样握了握手。丁香苍白的脸上挂着淡淡的微笑，眼睛很好看，目光很清澈。唐磊看着她，百感交集，心中自有万语千言，却不知从何说起。

丁香的老妈悄悄告诉唐磊，丁香已经不行了，医生下了病危通知书，死神就在这几天降临。望着丁香那笑靥如花的脸，望着那双清澈透明的眼睛，唐磊心里有一种锥心的疼痛。

似乎在自言自语，丁香安慰唐磊：“我早就不怕死了。今日种种，似水无痕。我会进天堂的，因为我有你的祝福，有你的歌。”这句话让唐磊泪如雨下。

随后的几天，唐磊一有空就去医院看望丁香。那时，他正在筹划他的第一张个人专辑，搞了很多方案均不理想，特别是专辑主打歌一直没有眉目，忙得焦头烂额。丁香很心疼唐磊，也替他着急。她托老爸去书店买回很多书，想给唐磊哥哥提供一些灵感。有一天，她在一本楹联书里找到了一个故事，读后非常感慨，急忙打电话叫来唐磊。

她讲起了书中这则故事：古时，有个年轻书生赴京赶考途中，爱上了一个店主女儿，两人情投意合。不料店主气愤之极，责骂女儿败坏门风，姑娘哭诉两人真心相爱，求老父成全，但店主执意不肯。姑娘性情刚烈，当即气绝身亡。店主后悔莫及，将女儿安葬在后山坡上，不久，姑娘的坟头上，竟然长满了郁郁葱葱的丁香树，繁花似锦，芬芳四溢。书生惊讶不已，从此便每日挑水浇花，从不间断，终生与丁香花相依相伴。

讲完这个故事，丁香流泪了："你不是为主打歌苦恼吗？就定位在凄美上，借花怀人，用木吉他伴奏，表现'忧郁'，表现'梦'，表现'感怀'……其实，朴素是最好的。"

这句话一下使唐磊如梦初醒，对呀，朴素和简单就是最高的境界呀。一把木吉他，一首校园民谣，一段凄美故事，这多好！他非常兴奋，抓住丁香的手大叫一声："知我者，丁香也！我专辑的这首主打歌就叫《丁香花》。我一定要写好，把它送给你。"

无边的黑夜，唐磊借着一荧孤独的灯光强迫自己沉静下来，他和丁香的交往像黑白胶片一样既清晰又破碎斑驳，他无法想象一个女孩在"听到生命时钟倒计时的滴答声"时是何种心态。生命之于她，本应是灿烂和明媚的，而她却惟有微笑着，坦然着，甚至带点若无其事地去迎接死亡的到来。想着想着，唐磊的泪一次一次滚落。

天明时分，感慨万千的唐磊，一气呵成写下了一曲凄美哀绝的《丁香花》：

你说你最爱丁香花/因为你的名字就是它/多么忧郁的花/多愁善感的人啊/花儿枯萎的时候/当画面定格的时候/多么娇嫩的花/却躲不过风吹雨打/飘啊摇啊的一生/多少美丽编织的梦啊/就这样匆匆你走了/留给我一生牵挂

那坟前开满鲜花/是你多么渴望的美啊/你看那漫山遍野/你还觉得孤单吗/你听啊有人在唱那首你最爱的歌谣啊/尘世间多少繁芜/从此不必再牵挂/院子里栽满丁香花/开满紫色美丽的鲜花/我在这里陪着她/一生一世保护她

暖暖的冬阳照进了病房，唐磊轻拨琴弦为丁香吟唱，感动在彼此心间流转，那一刻，音乐消退了悲伤。

《丁香花》很快录制成功，朴素简单的配器一下抓住了听众的心。唐磊把这首歌放在网络上，旋即火了起来。一时间，整个互联网上开满了丁香花，《丁香花》唱红了中国。

当这首歌传唱开来的时候，时间到了2004年2月14日。这天夜里，病榻上的丁香多次休克。冥冥之中，她又一次听到了生命时钟倒计时的滴答声，她清楚，当明天清晨到来时，那轮新鲜的太阳已不属于她了。本来她答应让唐磊哥哥牵着自己的手去北京西山看丁香花的，她说，丁香花开的声音是世界上最灵性的歌声。

但她等不到了。就在这天深夜，她一阵猛烈的剧咳之后，床单上喷洒下点点血迹。她觉得天昏地暗，全身没有一丝力气，苍白的脸上虚汗直淌。她冲着唐磊说了一句话："……我没力气了……我坚持不住了，原谅我……"之后，她闭上了眼睛。

窗外没有风，整个世界仿佛万籁俱寂。月光很苍凉，梦中那匹飘逸的小白驹呼啸着朝开满丁香花的墓地跑去。丁香曾说过要给唐磊的专辑写一首歌词，是一首友情的歌，可还未及动笔就匆匆走了。在入殓之前，唐磊很想抚摸一下丁香那张冰清玉洁的美丽的脸，很想为她梳一次头发。当他最后凝望丁香的时候，发现她的眼角还留着一滴晶莹的泪花……

"丁香，我的专辑马上就要出版了，就叫《丁香花》，你在天堂能听见吗？"

不管故事如何，她都给了我们感动，让我们明白什么叫友情——她并不遥远，就在你我的身边……

第六课 我和老师交朋友

辅导目标

1. 协助师生之间的交流、沟通，使师生之间互敬、互爱，增加师生之间的感情。真正起到良师益友的效果。

2. 消除师生之间心灵隔阂，学生爱老师会增加学生的学习热情；老师爱学生，会增加教学的耐心和热心。

辅导准备 音乐、课件。

辅导过程

步入校园生活已经 5 年了，我们每天与老师交流、接触的时间，甚至都超过了与父母在一起的时间。

一、冥想回忆（音乐 5 –6）

1. 放松练习。

2. 回忆在自己的成长中，哪些老师教过自己。你最喜欢的老师有谁？

3. 回忆和老师的交往点滴。

4. 结束冥想。

（设计意图：很多也许在成人眼中并不起眼的小事，可能会影响孩子的一生！因此，我们既要了解孩子喜欢的老师的类型，从而了解孩子评判老师的个人标准，同时，更要明确孩子心中的“教师阴影”，帮助孩子消除阴影，抚平创伤，在未来中更好地成长。）

（1）畅谈：回顾了曾经的点点滴滴，现在的你有什么感受？（给学生充足的时间谈论。）

（2）练习小结。

二、心语飞信

1. 谈一件某位老师曾做的让你很感动的事情。

2. 选一位让你印象深刻的老师，给她（他）写封信，说一下悄悄话。

（备注：这位曾经或现任的老师，也许曾经让你非常感动，也许曾经让你非常委屈，也许曾经让你非常自豪，并暗自设定为自己的人生榜样，也许……总之，也许你有很多的话语想对她（他）说，但是一直没有机会，那就抓住这次“心语飞信”的绝好机会吧！这样的珍贵机会可不多喔！）

三、飞信速递

1. 每个孩子准备一个信封，由学校心理委员当“飞信速递员”，帮同学们送信。

2. 收到信的老师，一定要回信！学校心语工作室监督。来往的信件一律密封、保密！保护学生、老师们的隐私权！一旦出现未经允许，私自偷看别人信件等行为，学校将采取通报批评、公示等措施进行严惩！

辅导反馈

第七课　阳光下的幸福

辅导目标

1. 通过活动体验，使学生切身明确自己生活的幸福。

2. 感恩自己幸福生活的来之不易，从而更好的爱自己爱生活，更好地帮助他人。

辅导准备　多媒体课件、音乐、眼罩、A4 纸、橡皮、铅笔、动画视频。

辅导过程

一、寻找幸福

教师说本节课活动规则！（学生对于体验性的活动都非常感兴趣，下列活动幅度较大，因此在活动前教师需强调安全及纪律等规则。）

1.“金鸡独立”跳出教室。（换脚，双手后背，禁止说话。）

2. 学生从教室门口戴上眼罩进入教室，盲行找到自己的座位。

(1)教师让学生继续在“盲”的状态下写下刚才进教室的感受。

(2)教师：上节课大家进入教室的时候，我也记录了时间，是 23 秒左右。但是这次大家用了 1 分 30 秒的时间，甚至到最后还有一些同学没有找到自己的位置。

(3)学生谈感受。

3. 小组自行发放 A4 纸张，每人一张。用铅笔写下自己心目中的“幸福是什么”。

每个人心中的幸福都是不同的。

教师：幸福是什么？

病人希望能够拥有健康的身体便是幸福。

贫困的人希望自己能有很多钱,吃穿无忧,

有的父母将自己的幸福建立在孩子的优秀程度上。

旱区的人们此时能有足够的用水会感到很幸福……

每个人的需要都是不同的,

对于你,幸福是什么?如今的你,再拥有什么就认为是(更)幸福的了?

(1)学生在纸上写下心中的答案:“幸福是……”(尽量地多写)

(2)学生交流。

4. 盲影赏析:欣赏视频短片。

5. 学生猜、描述短片。(想发言的学生举手,教师碰触学生手提示该生发言。)

6. 学生谈:从上课到现在,整体的感受。

7. 课件《阳光下的幸福》。(教师讲述自己在盲校听课的亲身经历,配合刚才学生的盲人生活体验,进而以各种残疾名人的事例对学生进行感恩励志教育。教育学生感恩生活、珍惜自己所拥有的幸福。)

小结:很多很多的幸福一直伴随着我到现在,那些感动,仍在。其实,幸福本很简单,拥有它便就更简单了。这就是幸福,我们所拥有的,看起来简单的幸福。

二、品味幸福

1. 课堂倒带。

(1)摘下眼罩,看看周围,脑海倒带半分钟。

(2)重新看短片。

2. 学生谈感受。

思考:刚刚你只是闭眼了几分钟,想象如果一辈子看不到,你会……

如果你每天的生活是这样度过,你会认为你幸福吗?

但是这些残疾人的生活依旧阳光!笑容依旧灿烂!虽身残但志坚,这些人都是健康的,都是心灵健康的,所以他们都是美丽的,都是伟大的。

小结:幸福是什么?幸福没有高山的恢宏,没有大海的磅礴,但幸福是温暖的,美丽的。只要你细细品味,幸福就在你身旁。

幸福如一杯淡淡的茶,虽然身在其中,但要细细品味,才能感受到其中的甘甜。

三、我的阳光下的幸福

小组交流。

1. 目前我所拥有的幸福生活。

2. 挫折:让我们成长得更强壮的幸福礼物。

小结:阳光心态,幸福人生!

四、幸福的真谛

1. 巩固反思。

(1)在纸上添加,或者修改"幸福是……",或在纸反面用画的形式表达。(经过前面的活动体验和内省反思,现在学生对幸福的理解和感触都会发生变化。)

(2)交流画作。(这个环节让学生尽量地多说,是对他们的积极认识的巩固。)

2. 课堂总结。

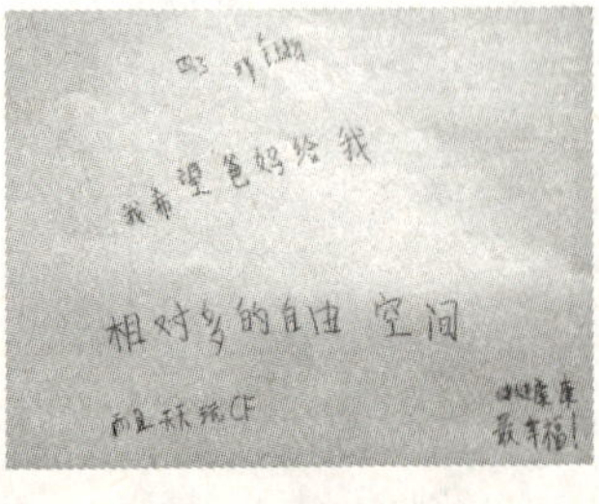

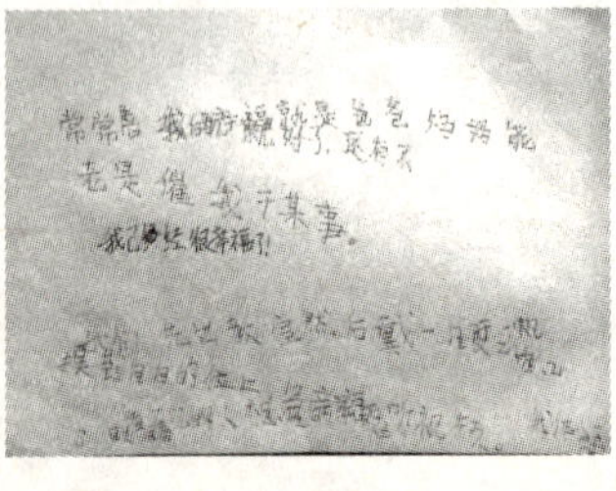

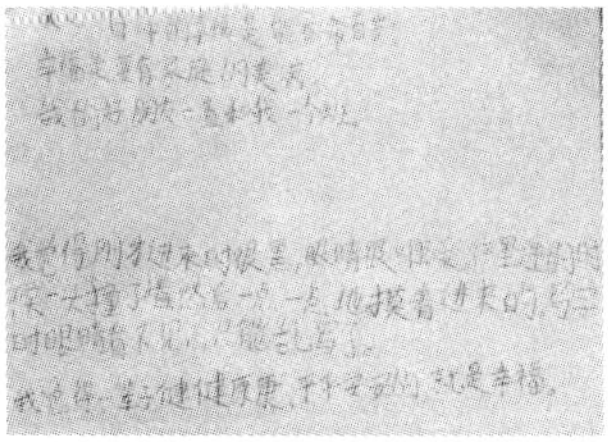

辅 导 反 馈

第八课　信任通行

辅导目标

1. 通过活动体验,使学生意识到合作的重要性。

2. 引导学生明确诚信对人的重要性。

辅导时间　2 课时

辅导准备　A4 纸每人一张、签字笔数支、眼罩每人一个。

辅导过程

第一课时

1. 全班分组,每2人一组(A同学和B同学)。

小组中,A同学扮盲、哑人,B同学扮哑人。

教师把小组成员分开隔离,如所有的A同学戴上眼罩在教室内,所有的B同学到教室外等候,教师分别布置任务。

A同学(盲、哑人)的任务:

(1)与B同学一起,在校内找本班级之外的10人(可以是学校老师、外班同学、门卫等人员)在A4纸上签名。

(2)与B同学一起,在校内找8种不同的植物。

(3)想办法告诉B同学,在本节课中送给自己一个小礼物。

B同学(哑人)的任务:

(1)每人领取一张A4纸、一支笔。纸上除了任务中要求的字之外,不准有其他任何字迹。

(2)保护好A同学的安全。

(3)当所有任务完成后,和A同学一起回到教室,让A同学用彩色粉笔在黑板上写下自己和同伴的名字。

【辅导建议】

(1)A同学和B同学的任务是分别布置的,但是所有的任务必须2人共同完成,这就要求他们首先要想办法告诉对方自己得到的任务,因为同为哑人,所以不能用语言交流。交流方式由学生自发创造,教师不能给予任何的提示。

(2)在学生完成任务的途中,教师可以安排几个学生为监督员,一方面监督参与活动的学生有无违反活动规则现象,另一方面提示、协助B同学保护好A同学的安全。

(3)教师可根据学校自身的情况,适当加大活动的难度,如在活动途中多设置一些上下楼梯等为必经路程,这样做无形中考验和培养了学生的相互配合能力。

2. 监督员反馈活动过程中的情况。

教师表扬严守活动规则和活动任务完成情况好的小组。

第二课时

1. 学生畅谈活动过程中的感受。

2. 分享交流：

(1)你们小组任务完成得顺利吗？是什么阻碍了你们？

(2)你和同伴配合得默契吗？有什么妙招介绍给大家吗？

(3)如果此活动再做一次，你们会怎样做，从而更好地完成任务？

5. 心理游戏：风中劲草

(1)全班分组，7~8 人一组。小组围成一个向心圆，“草”则站在圆中央。

(2)“草”要双手抱在胸前，并拢双脚，闭上眼睛，身体绷直地倒下去。倒的整个过程中不能移动脚或双脚分开，就像一个“不倒翁”的样子。倒下之前，“草”要问：“我要倒下去了，你们准备好了没有？”当小组全体成员回答“准备好了”时，“草”可以选择任何方向倒下去。“草”倒向哪个方向，站在那个方向的团队成员就要在“草”即将要倒在自己身上时，伸出双手把“草”轻轻推向另一个任意方向，注意用力不要太猛。

(3)在教师做完示范之后，让小组成员开始做此游戏。每个人都要做一次“草”。

(4)活动结束后，小组交流：

A. 在这个游戏中你感受到什么？

B. 在活动中你是第几个做“草”的人，为什么是(或不是)第一个？

引导方向(总结)：完全信任所有人，且内心不会感到恐惧时，就会倒下去。如果有证据表明其实倒下去是安全的(如先尝试的人没有受伤)，那就会克服恐惧，愿意自己也试一试。

C. 在游戏中，你感觉团队的合作精神怎样？是否有信任感？

D. 设想，如果在活动过程中某一位同学没有接到你，让你倒在了地上，在后面的活动中，你还会那么信任他吗？为什么？

(7)学生畅谈感受。

◎引导方向。

接的人可以尽量用各种方式让中间倒着的“草”感到安全。比如用语言给“草”一些鼓励，同时不要嘻嘻哈哈或交谈等。这样会增加信任感，中间的“草”则会更有信心倒下去。

◎总结归纳(信任的五个C)

关怀(CARE)；

勇气(COURAGE)；

能力(COMPETENCY)；

清楚的期望(CLEAR EXPECTATIONS)；

持续一致(CONSISTENCY)。

游戏提示：

做这次游戏时，为安全起见，教师要反复强调：

1. 当圈中的人准备倒下去前，一定要先问下面接的组员是否已准备好，只有当下面所有人员说准备好才能倒下来。

2. 无论发生什么情况，托住“草”的人一定要想尽办法不能让“草”真的摔倒，哪怕自己的身体垫在地上以支持“草”。

3. 为避免受伤，可将所有人的眼镜、手表、钥匙等物拿开。

【补充资料】

多数人都有玩信任练习的经验：有人向后倒，由一名同学接住。这种接人游戏就算连续玩过100遍，只要有一次朋友开玩笑故意不接住你，你们之间的信任就永远破裂了。不管他怎么道歉，承诺再也不让你摔倒，你就是无法不带一丝怀疑地向后倒。我让学生们在开学第一天就明白这点——破裂的信任是无法修补的，除此之外其他的事情都可以补救。

没写家庭作业吗？只要告诉我，我会接受你搞砸的事实。你打破东西了？这种事是难免的，我们可以好好处理。然而，要是你破坏了我对你的信任，规则也将随之改变。我们之间大致上会维持一定的关系，但这个关系绝对不会和从前一样。

当然，孩子们如果不小心破坏信任，也应该有赢回信任的机会，但这要花很长的时间。

——摘自《56号教室的奇迹》

辅导反馈

六年级　快乐六年级

辅导设计意图

六年级的孩子已经进入青春期阶段，也即将为整个小学的生活画上圆满的句号。这一年龄段的孩子开始进入“叛逆期”，有了更多的独立思想，并且不顾一切地希望实践，是一个喜欢“行动”的年纪。这一阶段的学生在自尊心、自信心、人际关系、价值观等方面都有了进一步的成长和需求，特别渴望得到外界的认可，甚至为了得到认可，不惜做出很多的自我牺牲。所以针对这些特点，小学高年级的学生仅仅单纯地用语言教育是不够的，需要更多的利用他们爱“动”的特点，在学习中让他们多体验多感悟，以情育人，这样才能对他们达到良好的教育辅导效果。

辅导目标

（一）引导学生学会正确地认识自己和他人，以及正确区分外界给予自己的评价，提高自信度。

（二）让学生认识到进入青春初期后生理和心理发生变化是一种正常现象。感受淡化性别差异所带来的快乐，良好地适应青春期同学间的正常交往。

（三）引导学生明确良好的人际关系是需要科学地经营和维护的，包括与同学、父母、老师、朋友等良好关系的建立，科学有效地沟通，彼此的信任和理解是很重要的。

第一课　幸福小学成长路

辅导目标

1. 回顾小学的成长时光，珍惜在母校毕业前夕的时间。

2. 树立积极阳光心态，做一名优秀的小学毕业生。

辅导准备　电脑、音乐、眼罩、A4 纸。

辅导时间　1 课时

辅导过程

一、暖身活动

1. 两人一组，猜拳之后，一个扮演乌龟，一个扮演乌鸦，双手掌心相对。老师讲乌龟与乌鸦的小故事，念到“乌龟”时，“乌龟”要用双手去夹“乌鸦”的手，念到“乌鸦”时，“乌鸦”就要用双手夹“乌龟”的手。

乌鸦和乌龟

森林里的小溪旁有一个小小的城堡，里面住着可怕的巫婆和她的仆人乌鸦。突然有一天，天上慢慢飘来一片片乌云。转眼间就乌黑乌黑的，什么也看不见。在狂风暴雨中，巫婆听到有人在敲门，开门一看原来是一只乌龟，还有一只乌贼。乌龟瞪着一双乌溜溜的大眼睛。乌鸦在小屋外吓的发抖，并且大叫。

他们要求巫婆让他们进屋。巫婆同意了，可是乌鸦不同意，它和乌龟是多年的夙敌。乌鸦看到乌龟就破口大骂，雨越下越大，大家也越吵越凶。乌贼指着乌云对巫婆说：“雨这么大，乌鸦却不让我们进去，我和乌龟都会生病的。再不开门，我一定让你的城堡变得乌烟瘴气”。于是，巫婆就让他们进入了城堡。乌龟一进屋里，就和乌贼，把乌鸦的家弄的满地污泥,乌鸦更生气了。乌鸦和乌龟再次吵了起來。旁边的巫婆来劝架,可是不知道该劝乌龟好,还是劝乌鸦好。

又过了一会儿,雨停了,太阳出来了。乌云散了。乌龟和乌鸦也停止吵架了,乌龟缩成了一团睡着了。

二、小学历程回顾

音乐冥想:小学6年的历程回顾。(背景乐6-1)

三、珍惜目前生活

写下过去五年中校园生活中的难忘经历。

四、心语传递

1. 写心语卡,把它送给想交流和表达的老师、同学。

2. 制定毕业前夕的校园生活计划。

五、课程小结

辅导反馈

【补充资料】

冥想——6年小学成长历程回顾导语。

(备注:下面导语中省略号的地方,教师根据本校实际情况自行添加,要添加真实信息,这样导语才更富有感染力。)

1 年级：

面试，报名那天……上学第一天……，老师带我们参观学校，和幼儿园相比，学校有很多有趣的地方……学校的老师、同学比幼儿园多很多……学校有很多有趣的课……

6 月 1 日儿童节，戴红领巾了……班主任……交了很多朋友……

2 年级：

开学报到那天，班主任微笑着迎接我们入学，看到 × × 老师，感觉好温暖……

3 年级：

开学报到的时候，我惊奇地发现，班主任换了，换成了 × × 老师……

学习的知识感觉难了很多，增加了作文课，语文书上的内容多了……似乎很多学科的书，内容都多了……，一些科目的老师也换了……

在这一年中，我的朋友也发生了变化……

4—5 年级：

开学报到的时候，我惊奇地发现，班主任……任课老师也换了很多……她们每个人的风格不同……有的文静些，有的活泼些，爱开玩笑，下课和我们一起玩……有时候她们也会很凶，但是，她们都有一个共同点：她们每一个人，都非常爱我们！……

6 年级：

今天，我 6 年级了，是毕业班的学生了。回顾这 5 年，发生了很多事……有欢笑，有泪水，有生气，有激动……很多事情让我难忘，甚至，或许会记住一辈子……今天的我，已经长大了，不再是 5 年前那个什么都不懂的小豆子……5 年前，我只会 20 以内的加减法……我只会写我的名字……我数数最多只会数到 100……但是今天的我，有了很多的不同，我可以做很多事情了……

回想这 5 年，其实自己有时也犯了些小错误，曾经让父母、老师生气、难过，也与好朋友吵过架……现在回想起来，其实不就那么点小事吗？至于嘛。他曾经也帮助过我很多，陪伴过我，我们一起笑过，一起共同面对困难……如果再有一次机会，我一定不会再把和她相聚的短暂时间用来吵架，我会珍惜和他们在一起的时间……

因为，几个月后，我们就要分开了，会到不同的中学，继续我们各自的成长……所以，我会珍惜和他们在一起的时间……如果再遇到意见不一致的时候，我会……，而且，在未来的几个月中，我会这样对待我身边的朋友、老师、同学……

辅导反馈

我的小学成长足迹

让我记忆深刻的事：

令我难忘的人：

心语飞信

心语飞信

心语飞信

第二课　慧眼识人

辅导目标

1. 通过音乐训练，引导学生学会宽容，能用不同的视角看待人和事，从而拥有良好的人际关系。

2. 引导学生从心理学角度科学地看待人和事物，所有的人和事物没有好坏之分，只是形成的原因不同，存在即为必然，即为合理。

辅导难点

引导学生学会分析人和事物表面现象的背后原因，用积极心理学的理念培养学生健康阳光心态。

辅导时间　1 课时

辅导准备　音乐。

辅导过程

一、暖身活动："钱币组合"

女生是"一角"，男生为"5 分"，全班围成大圆圈站好，顺着圆圈学生间保持间距开始快步走，注意听从教师口令，当教师说到具体钱数时，全体学生自由随机快速组合"钱数"。

如 7 元 5 角，13 元 5 角，15 元，28 元……

二、慧眼识人

1. 教师提醒学生《心理课公约》，并带领全体学生齐读巩固《心理课保密规程》。

2. 让学生写出生活中(或班级内)最喜欢和最不喜欢的人。

(1)在最喜欢的人名后面，写出喜欢这人什么，他也有什么缺点。

(2)在最讨厌的人身上找出此人的优点。

3. 小组内分享。

4. 写出自己的优点和缺点。并尝试分析自己的优点是怎样养成的,自己的缺点是怎样形成的。(让学生明白所有的"果"都是有"因"的,我们不能只看到表面现象就妄下定论,引导学生从自我剖析开始,尝试内省分析自己的优点和不足背后的原因。)

5. 小组内交流。

6. 音乐训练。(背景乐6-2)

(备注:这是个音乐心理辅导的过程,乐曲需要完整地重复播多次,教师一定要严格遵守如下操作要求,才会达到好的辅导效果。)

(1)第1遍播放乐曲,在听曲中让学生思考:这个乐曲中,你最喜欢哪个声音?最不喜欢哪个声音?

(2)班级内交流自己的第1次听乐曲的感受。

(3)第2遍播放乐曲,在听曲中让学生尝试成为那个自己不喜欢的乐器声音,体会感受。

(4)班级内交流自己的第2次听乐曲的感受。

(5)第3遍播放乐曲,体会想象:这个乐曲中可以去掉那个乐器吗?如果没有那个自己不喜欢的乐器声音,整个曲子会怎样?

(6)音乐完形,学生第4遍听乐曲。

(备注:如果课堂时间不够,第(3)次和第(5)次的音乐任务可合二为一,这样总共重复播放3遍乐曲即可。但原则上尽量完整操作,这样效果会更好。)

7. 课堂延伸。(此环节可选择性讲授)

(1)自己喜欢和讨厌的人的特点可能是怎样形成的。

(2)缺点背后的可能因素。

8. 课堂总结。

每个人都有优点和缺点,即使是班级里学习最差的学生,依然有很多优点,即使是班长,依然有很多缺点,所以人人都是一样的,每个人都是平等的，每个人都有让我们学习的地方。（教学生从不同角度看待人。）

【辅导建议】

本课教学设计看似简单，但是操作起来并不容易。

第一，课前暖身环节的效果非常重要，通过活动尽量降低学生的防御，这样在后面的环节中学生会很容易投入其中，最终会产生深深触动心灵的课程效果。

第二，要给学生充足的时间思考和书写。

第三，严格执行保密原则。书写的东西只是为了给学生审视的目的，因此在书写完毕后，教师要尊重书写者的隐私。如果学生个人愿意，他们可以和别人分享自己所写内容，但是如果学生不同意，教师绝不能强行看学生写的内容，这是对学生的起码尊重，学生也才能认真对待接下来的授课内容，他们才会无所顾忌，心理打开的程度越大，学生收获也会越大。

辅导反馈

第三课　换出美丽人生

辅导目标

1. 在活动中让学生勇于面对自己在人际交往中的困惑、伤痛等。

2. 提高学生的认知水平，引导学生学会换位思考，能够站在他人的角度去考虑问题，避免许多不必要的纷争和烦恼。

重点：引导孩子体验感知知觉的选择性，明白立场与背景的不同，看的问题也不同。

难点：如何给予孩子安全的环境，让孩子能够敞开心扉，把自己的不愉快表达出来。

辅导准备

1. 多媒体课件、音响。

2. 多把备用椅子（放于半圆的正中，即圆心位置）。

3. 心语卡纸。

辅导时间　2 课时

辅导过程

一、团体热身：走进内心

（一）角色交换。

1. 全班学生平均分成若干小组，每组人数不超过 5 人。

2. 每人面前一个空椅子，学生坐下，首先小组内依次自我介绍（姓名、爱好）

3. 每人站到椅子背后，手扶在椅子靠背上，以自己某一亲朋好友的身份，第二轮介绍自己。（即以他人的眼光看自己。）

如：我是某某的哥哥（好朋友等），某某是一个非常善良、热心的女孩，乐于助人，钢琴弹得非常好……

（此活动目的给学生一个重新介绍自我，展示自我，巩固自信的机会，同时也是自我认识澄清训练，加深同学间的相互了解。）

（二）回眸生活，分享实例。

以生活中实例为线索，列举实例。可以是教师列举生活实例，也可以让学生说说在生活和学习中遇到的不愉快的事情，然后引导他们正确归因，科学处理。（课件出示课题）

1. 冥想自己最近与家人、老师、同学之间的一次矛盾、冲突，或者是一直以来的和别人交往过程中发生的不开心的事情。（背景乐 6－3）

2. 记录心语卡。

a）小组内交流，鼓励每人都参与交流。

b）原意跟大家分享的，可以勇敢地站起来。（老师给予肯定和鼓励）

二、经典换位读

心理换位能力训练：《灰姑娘》的故事。

（1）老师：你们喜欢故事里的哪一个？不喜欢哪一个？为什么？（喜欢灰姑娘，还有王子，不喜欢她的后妈和后妈带来的姐姐，灰姑娘善良可爱漂亮，后妈和姐姐对她不好。）

（2）老师：如果在午夜 12 点的时候，灰姑娘没有来得及跳上她的南瓜马车，你们想想，可能会出现什么情况？（灰姑娘会变成原来脏脏的样子，穿着破旧的衣服。哎呀，那就惨啦。）

（3）老师：所以，你们一定要做一个守时的人，不然就可能给自己带来麻烦。另外，你们看，你们每个人平时都打扮得漂漂亮亮的，千万不要突然邋里邋遢地出现在别人面前，不然，你们的朋友要吓着了。

（4）如果你是灰姑娘的后妈，你会不会阻止灰姑娘去参加王子的舞会？你们一定要诚实哟！（是的，如果我是后妈，我也会阻止她去参加王子的舞会。）

(5)老师:为什么?(因为我爱自己的女儿,我希望自己的女儿当上王后。)

老师:是的,所以,我们看到的后妈好像都是不好的人,她们只是对别人不够好,可是她们对自己的孩子却很好,你们明白了吗?她们不是坏人,只是她们还不能够像爱自己的孩子一样去爱其他的孩子们。

(6)下一个问题:灰姑娘的后妈不让她去参加王子的舞会,甚至把门锁起来,她为什么能够去,而且成为舞会上最美丽的姑娘呢?(因为有仙女帮助她,给她漂亮的衣服,还把南瓜变成马车,把狗和老鼠变成仆人。)

老师:对,你们说得好!想一想,如果灰姑娘没有得到仙女的帮助,她是不可能去参加舞会的,是不是?

(7)老师:如果狗、老鼠不愿意帮助她,她可能在最后时刻成功地跑回家吗?

老师:虽然灰姑娘有仙女的帮助,但是,光有仙女的帮助是不够的。所以,无论走到哪里,我们都是需要朋友的。我们的朋友不一定是仙女,但是我们需要他们,我也希望你们有很多很多的朋友。

三、审视自我,体验换位

1. 老师首先自己进行换位思考的演练,利用两张空椅子来进行自我分析,理解自己的烦恼的根源。

2. 现场演示。

鼓励一两个孩子说一说自己对自己烦恼的看法,并把自己的想法通过两把椅子表演出来。

3. 小组换椅演练。

换把椅子,换个视角,另获一片广阔天空。

4. 建议孩子们在卡纸上写下换位思考前后的感受和想法。

当时我是这样想的:________________________

“换位思考”后我感受到:____________________

5. 小组内部练习。

6. 小结：瞧，当我们换个角度看同样的事情时，是不是所有的事物都美丽了呢？虽然有时候我们免不了会与朋友们有点小摩擦，但是只要换位思考一下，我们会发现，不是谁对谁错，只是我们的观点不同而已。我们依然是好朋友。

四、拓展延伸：心理换位四部曲

都市多棱镜：结合生活中的常见场景，畅谈生活另一面的换位，如生活中多帮助老弱病残等，从而培养学生的思想道德情操。

五、老师结语：换出美丽人生

每一个人站的角度立场是不一样的，各有各的理由，我们能够站在对方的角度去思考问题，会以开放的心态对待冲突，从而获得新的理解。通过换位思考，可以让我们了解别人的心理需求，感受到他人的情绪；通过换位思考，可以让我们揣摩到对方的心理，达到理解对方的目的；通过换位思考，可以让我们欣赏到他人优点，并给予对方真诚的鼓励，使我们的生活少一些纷争，多一些理解。

辅导反馈

心灵拓展营

第四课 小树长大

辅导目标

本课是一堂抗挫折健康成长的心理拓展活动辅导。通过活动使学生明确一棵小树苗也要经历很多挫折才能成长为参天大树,我们也一样,成长路上没有一帆风顺,无论遇到什么样的困难和挫折,只要我们勇敢坚持下去,最终一定会和成功握手。

辅导时间 1课时

辅导准备 室内充足的活动空间。

辅导过程

1. 分小组,围小圈。(每小组7人左右)

2. 选一个人到圈中间蹲下,代表"小树苗"。

3. 周围的人把手压到"小树苗"的肩膀上,分别代表风、雨、雷、电、害虫等等阻碍"小树苗"生长的因素。也有代表太阳、养分等利于小树苗长大的因素。

4. 当教师口令"开始"的时候,小树苗要使劲长大(站立起来),周围的人要阻碍他长大,如风一边要手压住小树苗肩膀不让他起立(长大),还要来回晃小树苗,代表刮大风……代表养分的,要用自己的方式帮助小树苗长大(站立起来)。

5. 活动可以反复玩,小组里面的人轮流当小树苗、养分、阻碍成长的因素等。

6. 活动结束,团体成员谈活动感想。

7. 活动联系生活实际，学生畅谈感悟。

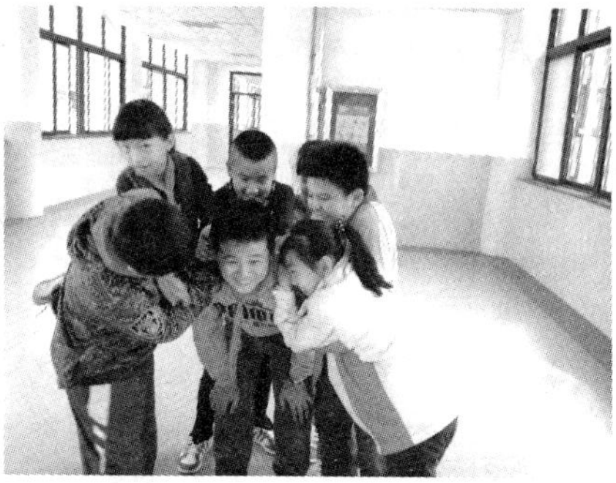

辅导反馈

儿童音乐训练

第五课　世界上最优美、最动听的声音

辅导目标

本课是一堂儿童音乐训练课。课中用乐器为媒介，教育学生明确每个人都是独一无二的，就像每种乐器都有独特的声音一样。

辅导地点　音乐教室（或器乐室）。

辅导时间　1课时

辅导准备　各种乐器、背景音乐。

辅导过程

1. 让学生自由选择一样最喜欢的乐器。

2. 学生用自己手中的乐器相互打招呼。

3. 学生各自演奏自选的乐器，体会感觉。

4. 团体交流感受。

5. 教师让学生学习演奏不同的乐器，几次训练后，让学生思考，现在演奏的乐器和最初选择的乐器有什么不同？这个乐器有什么特点是你初选乐器所没有的（或你没发现的）？

6. 引导学生思考：你身上有没有以前你没发现的特点？

7. 学生分享交流。

如某生不喜欢小号，认为吹小号费劲。

教师问学生："你认为你身上有哪些地方是类似费劲感觉的？"

"你认为怎样克服这些缺点？"

教师可让学生另外选择一种感觉轻松的乐器，引导学生思考："在你身上有没有像这样轻松的乐器的特点去克服那些缺点的?”

8. 以上例为样板,教师可让学生重新演奏体验自己手中的乐器,自愿选择更换乐器,然后再次各自演奏乐器,体会不同的感受。

9. 学生分享更换乐器后的演奏感受。

10. 音乐训练巩固辅导。

欣赏乐曲6-5:

让学生想象:在某著名演奏会上,自己在舞台中央独奏马头琴,想象许多绚丽的舞台灯光照射在自己的身上,台下坐满观众,不时地有观众因自己的出色演奏而献花、鼓掌……

同时引导学生感受乐曲中的和声。(这些温暖的和声恰似台下的观众一样,烘托着马头琴的独奏)让学生明白,自己是非常优秀的,而且在今后的生活中无论遇到什么困难,自己永远都是不孤独的,有很多爱自己的人会永远陪伴、支持自己。

11. 课堂总结。

世界上最完美的乐器,最动人的声音。

我们要成为一个独一无二的自己,发出自己特色的、完美的声音的自己。每个人都在寻找一个自己最佳的生活方式,但是例如,我们现在的生理外貌已经无法改变了,但是我们能够把自己目前外貌的最佳状态表现出来。这个最佳状态就是任何乐器奏出最完美、最动听的声音的过程。我们每一个人都是最优秀的,都是独一无二的!

【设计解析】

第一轮乐器选择时,例如某学生选择鼓,说鼓的声音大,有力量,这说明该生本身力量不足,学生声音小说明胆怯,他选择的乐器是自己本身不足的一种补偿,学生在不断敲鼓的过程中,也内化了鼓的力量。在后续的训练中,教师让学生学习演奏不同的乐器,几次训练后,让学生思考,现在演奏的乐器和最初选择的乐器有什么不同?这个乐器有什么特点是初选乐器没有的?你没发现的?——让学生发现这个(原先不喜欢的)乐器的新的特点。进而问学生:你身上有没有以前你没发现的特点?每一次这样的训练,学生都会不断发觉自己的特点。这样的目的是:让学生不断发觉自己的特点(自身优点和缺点)。

本课是自身优点和缺点的发觉。如某学生不喜欢小号,认为吹小号费劲。问该生"你认为你身上有哪些地方是类似的?""你认为怎么克服这些缺点?"方法是找另外一个乐器,在你身上有没有像这样轻松的乐器的特点去克服那些缺点的?——这样做,乐器就可以隐喻成一个人的性格。这时教师就给予认知引导,一方面发掘优点和价值,另一方面进行缺陷引导,进行弥补教育。我们的教育不是让学生发现缺点就行了,让学生不但要发现困难,还要找到克服困难的方法。当一个小朋友找到了自己解决困难的方法后,还要让其他小朋友帮他出主意,这就是完形训练。其他小朋友之所以能够帮助出主意,是因为这里面每一个乐器都是小朋友们挑出来的,他挑那个乐器的时候,就已经知道了解决相应问题的方法。所以,这里面每一个学生都有解决这个乐器的方法,而这个方法比大人想的方法要更适合于学生。

辅导反馈

心灵拓展营 >>>>

第六课 团队建筑师

辅导目标

1. 本课是一堂团体合作、默契沟通的心理拓展辅导。通过活动培养学生的集体意识,使学生明确合作、团结的团队才是坚不可摧的。

2. 团队的合作离不开默契的沟通,通过活动让学生体验到沟通的重要性,知道沟通是双方面的事情,表述者和倾听者共同努力,“沟”才能“通”。

辅导时间 1课时

辅导准备 室内充足的活动空间、报纸一堆(具体数量视班级人数而定)、剪刀(每小组一把)、大透明胶(每小组一个)。

活动步骤

1. 全班学生分小组,每组6~7人。

2. 小组自选1名组长和1名监督员。

3. 小组代表领取活动工具。(报纸、剪刀、大透明胶)

【活动规则】

1. 在规定时间内(约25~30分钟),小组成员共同搭建一个报纸塔,要求建筑过程中,小组成员彼此不能讲话,只能用非言语沟通。

2. 小组监督员交叉到邻组进行活动过程监督。

3. 活动结束时,评选:哪组建筑塔最高、最牢固。

4. 团体交流活动感受。

【活动注意】

在活动过程中，教师也是监督员的身份，不能给予学生任何的建筑建议和暗示，让学生发挥创造力完成活动任务，以及和同伴的沟通合作。

辅导反馈

第七课　我是一块大金子

辅导目标

本课是一堂综合性的团体辅导课程。课程辅导的第一环节通过介绍韩寒的经历和《水知道答案》让学生明确，有一个积极的心态是成功的第一步。接下来通过音乐澄清训练和绘画未来景让学生明确自己真正的需要和努力方向，然后通过解析性格的特点增强学生的自信心，在此基础上学生根据实际情况制定适合自己的未来计划，最后通过模拟酒会的体验活动，进一步巩固学生的自信，培养学生勇往直前、不怕困难的阳光心态。

辅导时间　2 课时

辅导准备　电脑、音响、音乐、大透明胶、A4 白纸每人 2 张、彩笔、钢笔、水（或可乐等饮料）、3 把剪刀、纸杯、课件。

辅导过程

第一课时

一、开启自己，露出金色

1. 教师：我们今天讨论的话题是《我是一块大金子》。

讨论：你怎么看待这句话。

你认为你是金子吗？（教师介绍韩寒的资料）

你想成为金子吗？想试试吗？

2. 心理学学习。

（1）心想事成——《水知道答案》。

(2)心由像生。

美国科学家曾做过一项观察实验。美国的学校每年都会组织学生到野外郊游,以此来锻炼学生的自立能力等,科学家发现每次这些孩子外出前,妈妈都会对自己的孩子进行叮嘱,但是叮嘱的方式不同,主要有两种:

A. 妈妈对孩子说:“你外出这段时间要全身心地投入到活动中,不要总是担心家里,我和你爸爸会生活得很好,你放心。祝你玩得开心!”

B. 妈妈对孩子说:“孩子啊,你在外期间过马路的时候一定要仔细看车辆,车太多,别让车给撞了。遇到雷雨天气一定要远离大树,别让雷电击中。你们爬山的时候,一定要从里面走,别掉到山下……”

实验发现,B 类妈妈的孩子事故率远远高于 A 类妈妈的孩子。科学家发现,生活中的量子物理学原理,心由像生,因此大脑中经常产生积极图像的人,他的生活中也会经常遇到好的事情,反之,一个人大脑中经常产生消极图像的人,他的生活也会一团糟,这也是积极心理学的原理。

3. 音乐训练。

(1)音乐澄清训练。(背景乐 6 – 7)

A. 第一次播放音乐(因此曲短,每次可循环播放 3 遍),让学生想象天空中掉落很多珠子,每颗珠子上面都写着字,伸开你的双手去接珠子。仔细看清你手中珠子是什么样的,珠子上面都是什么字?

B. 第二次播放音乐。手中的珠子从你的手指间滑落,最后只剩下 1 ~ 2颗珠子,再看一下,剩下的珠子上有什么字?

【设计解析】

这个活动是一个音乐澄清训练,可用于孩子也可用于成人,操作方法是一样的。每个人的一生中都会遇到很多选择和机遇,这些都是我们希望得到的,但是往往鱼和熊掌无法兼得,我们最后只能选择认为对自己最重要的东西,有的人认为最重要的是健康,有的人最看重家庭和睦，有的人最看重金钱和权势……第二次音乐后，手中最终剩下的珠子就是那个人心目中最重要的东西。如果有人看不清珠子上面的字，或者珠子上面没有字，说明此人的人生目标尚模糊，他自己都不清楚自己真正需要的是什么；或参与者受到干扰没有专心投入到体验中的原因。此外，珠子的质地和样貌也说明了接珠子的人的某些心理特点。

(2)绘画未来景。

A. 让学生想象20年后，自己希望成为的样子。

B. 画出自己脑海中的景象。

（即20年后成功的自己的景象，如有的孩子希望自己成为老师，他会画出自己正在讲课的画面；有的孩子希望自己成为警察，他会画出自己正在英勇威武地抓坏人的场面……）

C. 小组交流。

D. 班级交流分享。

二、擦擦自己，让金光更夺目

1. 性格颜色。（明确自己的优势，提升自信）

（备注：《彩色性格》内容在五年级教学设计里面有具体内容，此时重新复习所学，是提醒、加深巩固学生的自信。）

2. 成功在于行动。（制定未来计划）

（设计解析：前面教育环节设计重在树立学生自信，让他们明白只要自己努力，勇往直前，自己的目标都是可以实现的。此环节的设计目的是让学生明白：千里之行始于足下，美好的前景要从今天的行动开始。）

三、我是金子我怕谁

《一切都是最好的安排》。（假如结果和自己预想的有所差距，引导学生换个角度看成败。）

辅导反馈

第二课时

一、金子精神永不息——进一步自信心巩固和行动激励

酒会:《为金子干杯》。

二、活动步骤

1. 让学生把自己的绘画贴到胸前。

2. 教师引导音乐冥想。

(学生闭眼)(播放音乐 6－8－1)……(放松指导语)……想象,现在是20××年的×月×日×点钟,经过多年的努力和拼搏,你已经成为了梦想中的自己……今天是20年同学聚会的日子,你回到母校,来参加班级的“相约20年金子聚会”……你刚刚走入学校大门,远远的就听到从教室内传出的舞会的热闹音乐声……(播放音乐《酒会－1》乐曲音量从很小声逐渐增大)……伴随着音乐声,你兴奋地走入教室,看到了多年不见的老同学们……大家都变得更成熟了,女生更漂亮了,男生更帅气、更有风度了……你环视教室内,看到屏幕上“为金子干杯”的欢迎语,你非常开心……大家都在热烈地谈论着,多年未见,大家都有谈不完的话题……（播放音乐《酒会 -2》）……一会儿当你睁开眼睛的时候，你就进入了这个聚会的舞会现场，请你以成功者的身份和在场的老同学们交流，首先要和对方介绍你自己，以及你现在的成功身份……（打开课件页面《为金子干杯》）现在慢慢地睁开你的眼睛（播放音乐《酒会 -3》）……（教师要时刻提醒学生注意身份的转换，言行举止都要发生相应的变化）……切记，现在是 20 年后的你，一个成功、幸福的你，你的言行举止可不能像一个十几岁的小孩子喽……你可以邀请你的同学一起翩翩起舞，共同庆祝我们成长与成功的聚会……（备注：后面导语教师可根据现场状况临场发挥，但是不要太多，要给学生留出充足的时间和空间让他们感受自己的新身份，这样可以进一步巩固学生的自信心，也对他们课下努力奠定基础。）

【设计解析】

1. 曲库中提供了不同类型的舞曲，教师可根据学生活动现场的气氛选择相应的乐曲。

2. 教师切记：在学生谈论和介绍自己的未来愿望时，教师要引导所有学生彼此祝福，尊重每一个学生的选择，并保护好分享学生的心灵安全和私密安全性，避免一切取笑等言行的发生！因为每个孩子的生活环境不同，他们的生长经历也就不同，所以每个孩子的未来梦想也不同。此课设计同样可以一模一样地用于中考和高考的考前辅导，甚至也可以微小改动后用于大学生的职业规划。笔者在一次中考前辅导时用此方案，一个初三男孩的未来愿望是成为非常厉害的黑社会老大，笔者立刻发觉这个孩子的目前生活环境一定遇到了很多且很大的困难。但是不便于在课堂了解，于是首先立刻给予该学生高度认可，接着给予引导："你有个非常特别的愿望，非常好！但是你知道吗，要想成为真正厉害的黑社会老大并不容易，他要有很强的社交能力、组织领导能力、敏捷的思维力、精湛的逻辑推理能力，以及丰富的各学科综合知识，这样，手下的人才会敬重他，自愿跟随他。看的出你是个非常聪明的孩子，只要你坚持努力，我相信你终会具备这些才能的。再告诉你一个小秘密：其实一个优秀的警长不过也具备这些本领而已，而且警长的职责权利比黑社会还大，那些黑社会老大都怕他呢！”舞会结束后，男孩等所有同学都走后，走到我面前，像一个成人一样与我握手，说：“谢谢你老师！我一定会努力成为一名优秀警长的！”

课后从班主任处得知，该男孩目前与母亲相依为命，生活困苦，父亲酗酒、赌博成性，男孩从小在家暴环境中长大，每次父亲酗酒家暴即使110警察来也只能无效规劝，并没有办法真正制止父亲，男孩就认为警察是没用的，只有黑社会老大才能惩治父亲这样的人，才能保护妈妈。

心理课中经常会遇到学生各种各样的回答，真正专业的心理老师会一视同仁地看待每一个孩子，绝不会否定任何一人，因为每一个孩子简单语言的背后都会有很多很多我们所不知情的内容，我们心理老师要做到的就是了解事情背后的真正原因，然后衡量我们的能力，明确怎样能够真正地帮助这个孩子。心理咨询的过程也是如此。

曾经听到一些同样教授心理课程的老师说：“不用管背后的原因是什么，尽力帮孩子就是了。”于是出现了很多想当然的“帮助”，最后的结果是，孩子的压力更大了，状况变得更糟了，帮忙的老师也心力交瘁。就像人体发热一样，引起人体发热的原因很多，可能是病毒性流感，可能是风寒感冒、风热感冒，也可能是身体的外伤感染等等，心理老师某种程度上就像医生，我们一定要知道到底是什么原因引起的病人高热，才能进行正确的治疗（辅导）从而帮助病患康复。如果我们只是看到表象的发热就主观地任意治疗，结果只能使病患的情况更糟糕，这在医疗中是医疗事故，是对病患极其不负责任的做法，心理辅导也是如此！如果身为教师的你是真心爱学生，想帮助他，那么就要专业的去帮助，否则就是害了学生！

3. 如果课堂情况允许，可准备些可乐等饮料用于酒会，增加模拟体验的真实性。当每个人都自我介绍后，可鼓励学生用自编舞蹈表达自己的愉悦心情，这些都会让模拟酒会的氛围更热烈，尽量营造轻松愉悦的氛围，一方面便于学生考试前压力的释放，而且愉悦的记忆可以增强并转换为学生努力的动力，另一方面可以降低学生因毕业离开母校，与好友分离的焦虑。

五、课堂总结

辅导反馈

心灵拓展营 >>>>

第八课　快乐成长

辅导目标

1. 活跃团体氛围，舒展身体。

2. 让学生在感受快乐的同时，体验竞争、成长、挫折的感觉。

辅导时间　1课时

活动场所 室内外皆可。

活动过程

一、活动导入

“我们人类是千百万年进化的产物,进化的过程就是一个选择的过程。现在我们大家一起来重温这个过程。假设在最开始的时候我们是一个鸡蛋,会从鸡蛋进化到小鸡,然后再进化成猩猩,最后我们就会进化成人类。进化的方法就是跟别人猜拳”。

二、活动步骤

教师担任活动的裁判员,宣布活动开始,讲述活动规则,规划学生在活动中的行为。

1. 活动开始前,所有学生都保持鸡蛋的状态。(最开始鸡蛋的状态就是大家抱着头蹲下像一个鸡蛋的形状。)

2. 老师宣布开始计时后,每个鸡蛋都去找另外一个鸡蛋猜拳(石头、剪子、布),胜利的鸡蛋可以进化成小鸡(小鸡状态是微蹲,双手微张在两侧做扇动翅膀的样子),输的人仍然是鸡蛋的样子。

3. 小鸡必须和小鸡猜拳,胜出的小鸡可以进化成猩猩(猩猩状态是站立做捶胸装),输掉的小鸡要退化回鸡蛋。

4. 猩猩之间继续猜拳,胜出的成为人类。(人类状态是双手叉腰)。

5. 人之间继续猜拳,胜出者成为超人(一手举起,一手放肩膀上,做超人状)。一旦进化成超人,就算胜出,不能再参与猜拳,只可以在一旁看其他人继续活动。

【辅导建议】

1. 每轮猜拳过后,无论输赢,所有人都需要保持自己所属的姿势,和对手眼睛对视20秒钟,体验当下心理变化。

2. 教师注意把握活动结束的时机,活动可以以进化至无法进行下去为结束,也可以以进化出第一个超人为结束。

三、讨论与分享

1. 当你还是一个鸡蛋，却发现已经有人进化成为超人的时候，你的感觉是怎样的呢？

2. 当你进化成为超人，却只能在一旁观看别人在活动，你的感觉是什么？

3. 生活中你有过类似的心理感受吗？（结合游戏谈生活）

4. 每人在活动记录本上写下自己在活动中的感受和感悟。

【辅导建议】

1. 活动中，进化可以是不同的动物，也可以是蝌蚪到青蛙或小鱼到大鱼等等，如果进化过程中安排更多种过渡性动物，游戏会更具有挑战性。

2. 活动的规则也可以灵活多样，例如活动规则可以规定为：无论什么级别的学生猜拳输掉时，都必须直接退化成为鸡蛋，重新开始新的进化过程。

3. 活动也可以分组进行，可以比比看哪个小组在规定时间里成功进化成人类的最多。

4. 活动还可以用下面的方式进行：将全部学生分为偶数组，每两个小组成员面对面站成排，每个小组每次安排一个人来和其他组的学生猜拳，如果赢的话则集体进化，输的话则集体退化或保持不变。比比看哪个小组最先进化成人。

5. 无论选择哪种玩法，要注意的是，最后的讨论与分享环节一定要充分，要留给学生充足的时间思考、分享交流、记录本次活动的感受和感悟。这就是心理活动的独特之处，娱乐中有感悟，有收获。

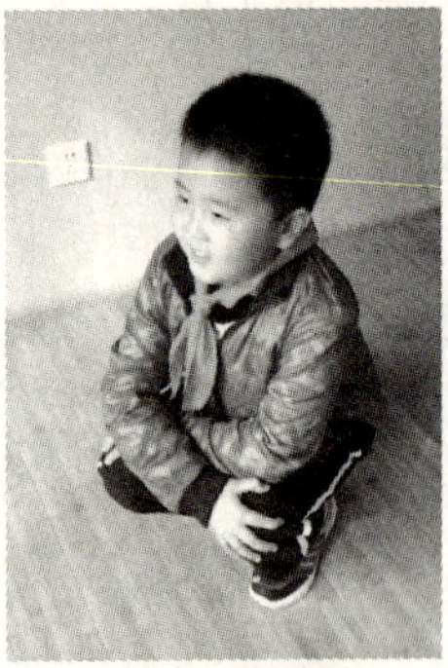

鸡蛋

小鸡

大鸡

人

超人

辅导反馈

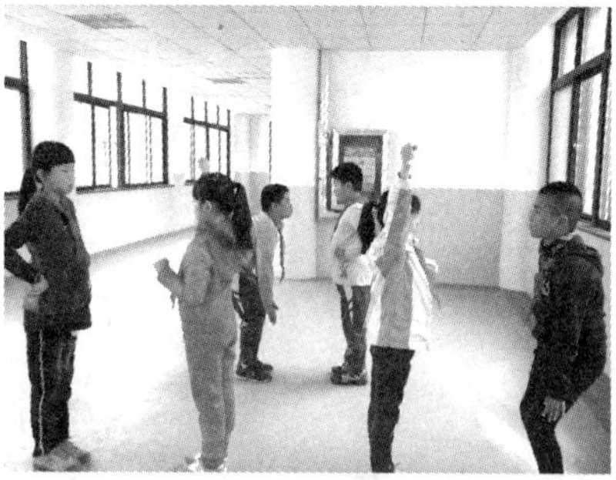

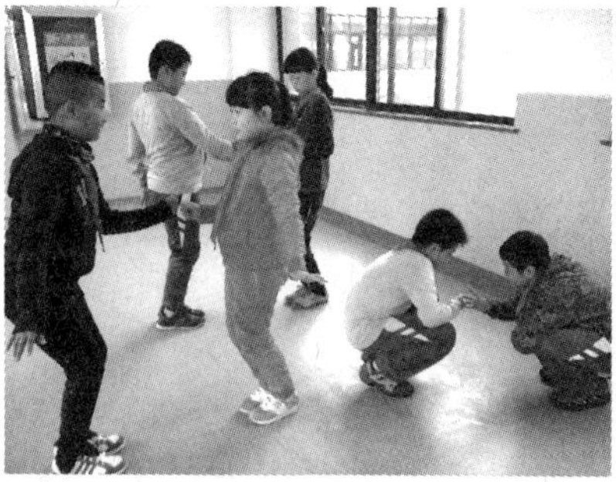

拓展课程资料库

家长团体辅导

1. 小树长大(家长版)

活动目标

内省亲子关系,以及自己在家庭中的教育惯性模式。

活动步骤

1. 分小组,围小圈。(每小组不超过10人。)

2. 选一个家长到圆圈中间蹲下,代表“小树苗”。

3. 周围的人把手压到“小树苗”的肩膀上,分别代表风、雨、雷、电、害虫等阻碍“小树苗”生长的因素;还有代表太阳、养分等利于小树苗长大的角色。

4. 当教师口令“开始”的时候,“小树苗”要使劲长大,周围的人要阻碍他长大,如风要来回晃“小树苗”,代表刮大风……代表养分的,要用自己的方式帮助“小树苗”成长。

5. 游戏可以反复玩,每小组的人轮流当小树苗、养分、阻碍成长的角色等。

6. 活动结束,团体成员谈感想。

2. 我们是一家人

活动目标

活动体验孩子成长,内省亲子关系,以及自己在家庭中的教育惯性模式。

活动准备

长丝带数根,安静的、可以调节灯光的教室。

活动步骤

第一环节:我的教育方式分享

1. 1~2报数,分2组。

2. 1和2面对面,1号站立,2号坐在凳子上。

3. 面对面交谈,问题:

(1)在教育孩子方面,你自认为比较骄傲的地方是什么?

(2)1号向左走过3人,坐着的人站起来,2人站立面对面交流第二个问题:在养育孩子方面,你最大的困惑是什么?

(3)1号再向左走过3人,2人背靠背站立,交流第三个问题,你悄悄与对方分享:在养育孩子方面不想和别人说的几个小秘密。(正式交流的时候关灯,拉上窗帘,让室内光线尽可能得暗。)

(4)两人面对面站好,交流第四个问题:你心中理想的孩子是什么样的?(理想孩子的标准)

4. 分享交流。

谈一下在刚才的过程中,与你交流的几个人里面哪两位给你的印象深刻?他们的什么话让你印象深刻,给了你启发?(或者在分享过程中,你有什么感受等。)

第二环节:体验孩子的成长路

5. 教师:我们每一个人从小长大的过程,就是从一只小鸡成长为一只凤凰或龙的过程,每一位父母都希望自己的孩子成龙成凤,在成长的过程中每个人都要经历很多,今天,我们作为父母去体验一下孩子成长中的经历,体验从小鸡成长为凤凰(龙)的过程。

(1)3 人一小组。组成一个家庭。每一个家庭有 1 根丝带(即代表家庭纽带),把一家 3 口连在一起。3 个人要提前确定好家庭中的身份:爸爸、妈妈、孩子。(丝带的系法随意,根据你们的想法,因为每个家庭都有不同的生活、教育方式,每个家庭都是不同的。有的家庭是绳子一起捆绑腰上;有的家庭手握住绳子;有的家庭成员把绳子绑在自己的手腕上。)

(2)家庭版《进化论》:家庭角色摆姿势,孩子是鸡蛋,妈妈是母鸡(半蹲),爸爸直立。然后,每个家庭成员要到别的家庭中找同类 PK,胜利者成长,输者退化,直到一家三口都成为凤凰,此家庭游戏结束。如果家中 2 人已经成为凤凰,要想办法帮助另一个人成为凤凰。最后争取让家庭中每一个成员都变成凤凰。

胜利的家庭到指定位置站好,成为凤凰家庭。

最后没有成为凤凰的两个家庭,教师采访感受。

教师:如果当时我让你们把丝带拆开,每个人自由出去 PK,个人要想成为凤凰是比较容易的。但是当我们形成了一个家庭,每个人就有了对家庭的责任,要想团体成功就有了一定的难度。

教师:采访第一个成为凤凰的家庭。

教师总结:有的家庭互相帮助,共同成长,最后成功。可见,和谐的家庭力量大。

教师现场找实例讲解:有的家庭纽带捆绑得很紧,这样外出 PK 的时候就活动受限,感觉很困难。有的家庭纽带很松。刚才在我们缠绕纽带的时候,无形中就展现了我们每一个人对家庭模式的理解。家庭中有一个心理空间、物理空间，如果我们做家庭咨询和治疗，通过刚才的纽带缠绕，我们就能初步得知这个家庭的特点。

第三环节：智慧父母的沟通

我们要设计适合孩子的方式去和他们交流。现在孩子的大脑都是数字化大脑，他是真的不明白我们的想法，理解不了。所以，我们要交给他们理解感情的能力。自闭症儿童也是如此，我们要用他们的方式去和他们交流，否则他们会认为我们不懂他。

（备注：此环节教师可结合本校孩子特点针对性谈论，这样效果更好。也可以结合萨提亚沟通模式等谈论沟通。在本次辅导中，重点环节是体验孩子成长和家庭成员之间的惯性相处方式，而非沟通模式上。深入的家庭亲子沟通模式辅导方案将附在后期书中。）

【注意事项】

经过活动体验，家长能够结合自己反思出很多东西，在分享的时候教师给予及时肯定就行，不要给予指导性建议，这不是家庭咨询，不要进行深入咨询，要尊重、保护家长及其家庭的隐私。

张再红

亲子团体辅导

信任通行（亲子版）

活动目标

家长内省自己的亲子关系及自己和孩子之间的沟通方式。

辅导时间 2 小时

辅导准备

1. A4 纸每人一张、签字笔数个、眼罩每人一个。

2. 孩子和自己的父亲或母亲。(参与者必须是父亲或母亲其中一人,其他亲友不建议参加。)

辅导过程

1. 全体成员分组,每 2 人一组(一个成人和一个孩子,即 A 成员和 B 成员)。

(备注:因参与者彼此不熟等原因,此环节一般情况下,家长都会选择和自己的孩子一组。)

2. 小组中,A 成员(家长)扮盲、哑人,B 成员(孩子)扮哑人。

3. 教师把小组成员分开隔离,如所有的 A 成员(家长)在教室内,所有 B 成员(孩子)到教室外等候,教师分别秘密布置任务。

A 成员(家长)的任务:

(1)与 B 成员(孩子)一起,在校内找到本团体之外的 10 人(可以是学校老师、外班同学、门卫等人员)在 A4 纸上签名。

(2)与 B 成员(孩子)一起,在校内找到 10 种不同的植物。(留取样本或记号。)

(3)想办法告诉 B 成员(孩子),在本次活动结束前给自己准备好一个小礼物。(礼物可以是任何物品。)

B 成员(孩子)的任务:

(1)每人领取一张 A4 白纸、一支笔。纸上除了任务中要求的字之外,不准有其他任何字迹。

(2)保护好 A 成员(家长)的安全。

(3)当所有任务完成后,和 A 成员(家长)一起回到教室,让 A 成员(家长)用彩色粉笔在黑板上写下自己和搭档的名字。

4. 当活动开始的时候,教师悄悄把原先分好的组打乱,不让家长知道。(即每个家长牵手执行任务的孩子不是自己的亲生孩子了,但是家长本人不知道,依然以为是自己的孩子。)

5. 开始活动。

6. 活动结束，所有人员围圈坐，小组成员坐在一起。此时家长才能摘掉眼罩。

7. 监督员反馈活动过程中的情况。教师表扬严守活动规则和活动任务完成情况好的小组。

8. 所有成员畅谈活动感受。

9. 教师总结。

【辅导建议】

（1）A成员（家长）和B成员（孩子）的任务是分别布置的，但是所有的任务要求2人共同完成，这就要求他们首先要想办法告诉对方自己领到的任务，因为同为哑人，所以不能用语言交流。交流方式由学生自发创造，教师不能给予任何的提示和暗示。

（2）在团体成员完成任务的途中，教师可以安排几个人做为监督员，一方面监督参与活动的人员有无违反活动规则现象，另一方面提示、协助B成员（孩子）保护好A成员（家长）的安全。

（3）教师可根据学校自身的情况，适当加大活动的难度，如在活动途中多设置一些上下楼梯等难行道路为必经路程，这样在活动中，每个家长的惯性教育模式很快就展现出来了，而且通过孩子和家长之间在活动中的互动，可以看出他们各自亲子沟通的方式和惯用模式，为心理老师今后做进一步深入的亲子心理辅导提供了基础资料，便于更好的针对性辅导。

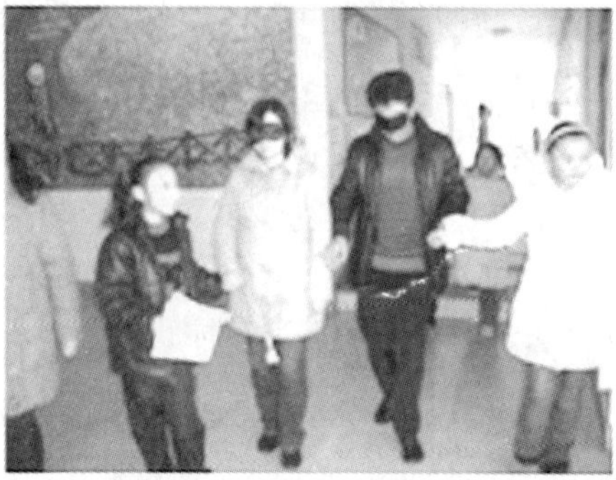

活动结束后，家长和自己的小搭档都成了好朋友。

(4)活动结束后，对于所有主动参与交流的人，教师都要及时给予充分地肯定与鼓励。B成员(孩子)给A成员(家长)送礼物时，教师可以组织一个小仪式，对所有孩子的用心给予肯定和支持，并带领家长感激地接受。尽量多地让孩子分享自己准备礼物的“心”。每次分享完教师带领全员掌声鼓励。以往活动中，礼物有树叶、树枝，石头等。我们不要仅从表面去看这个礼物，要关注礼物背后的意义。每一份礼物都是一份祝福和期望。

例：曾有一个孩子送给同伴(家长)一块小石头，在分享时说：“我希望同伴像石头一样坚韧、刚强。”

考前减压

1. 表达性艺术减压(躯体化音乐放松)

适合团体

成人职业减压、考前减压及各种压力放松。

辅导准备

1. 室内环境要求:有可以遮挡光线的厚窗帘,室内安静,隔音效果好。

2. 眼罩、好的音响设备。(有条件的话,最好教室前面和后面都有音箱,这样当音乐响起的时候,给人以被音乐包围的感觉。)

3. 音乐库:音乐呼吸减压。

减压步骤

1. 播放音乐《躯体化音乐放松》。

导语:让音乐从你的耳朵进入,音符落在你躯体不舒服的位置,附着在症状(不舒服的地方)之上。会有很多辛勤的蚂蚁,在替你工作,……这里是大范围的工作……这是小范围的疏通……他们越来越清扫得卖力了,范围越来越大了……经过一番劳动,原来清扫得区域被打扫得非常干净了……。

2. 躯体按摩减压。(音乐《躯体按摩减压》)

(1)所有人围圈站立,双手放在前面同伴的肩膀上,跟随导语和音乐进行按摩,所有人要边按摩边围圈往前走。(教师根据当前压力的情况自编趣味导语，指导团体按摩方式，如敲打按摩，双手揉按肩膀等。）

（2）一段时间后，所有人员向后转，继续按摩。

2. 音乐呼吸减压

适合团体

成人职业减压、考前减压及各种压力放松。

辅导准备

1. 室内环境要求：有可以遮挡光线的厚窗帘，室内安静，隔音效果好。

2. 眼罩、好的音响设备。（有条件的话，最好教室前面和后面都有音箱，这样当音乐响起的时候，给人以被音乐包围的感觉。）

3. 音乐库：音乐呼吸减压。

减压步骤

导语：这首音乐是李娜站在青藏高原上面，面对着青藏高原引吭高歌的歌曲。选一个舒服的姿势站好。当音乐响起来的时候，想像你的眼前出现一片空旷无垠的高原，只有你一个人在上面，没有任何人干扰你。想象，你就是李娜。不能发出任何声音，但是你必须模仿李娜的肺，去吟唱这首歌曲，不能唱出声音，完全用肺，用呼吸去唱出来这首歌，不能发出声音。

第1轮体验：闭眼。现在让你的身体慢慢的张开，想象，只有你一个人站在这空旷无垠的高原上，让你的肺随着音乐慢慢地呼吸，当你吐气的时候，要让你肺内的所有废气完全的排泄出来，直到你完全无法呼吸再重新吸气……。

……现在尝试着将你呼吸的量扩大一倍……再来一次……在下一

次音乐响起的时候，(音乐声渐调大)将你的呼吸扩大到3倍，将你所有的废气，完全地排出到体外，让你的每一个细胞都为你的呼吸做努力……现在，在呼吸的时候，将你的笑容慢慢舒展开来……你要带着微笑去呼吸……在下一次音乐响起的时候，(教师大声)将你呼吸的量扩大到5倍……好，现在渐渐地，调整你整个身心的状态……让你的身体随着音乐的节奏，慢慢地舞动起来……你能感觉到……你的整个身体由内……及外……在充分地流动……甚至你能感觉到你身体的体液，在随着你的舞动，毫无阻碍地流动，你的呼吸也变得更加地美好……现在你可以轻轻地摆动你的头部，慢慢地长大你的嘴，让你的嘴变的越来越大……(结束)

第2轮体验：我们再来一次呼吸训练……这一次，尝试着，让你房间外的人能听到你呼吸的声音，开始……(教师声大一些)我们再一次将呼吸的量扩大3倍……(教师很大声)将你的嘴张的越来越大，越来越大，越来越大，随着我的引导，将你的废气完全排出体外……吐气……(教师大声)吐吐吐吐吐吐吐吐吐吐吐吐……再来一次，你要尝试着，用尽你所有的力量，把你能够排出的所有的废气，包括你的烦恼，你的压力，你的忧虑，一点一点，一点一点地逼出你的体外……开始……吸气……吐！(音乐声音大的时候)……(教师声音小，柔和)(音乐声音调小，在音乐柔和的时候)吐的时候要注意你的节奏，慢慢地吐……继续吐……继续……在下一次音乐响起的时候，你要让你所有的细胞随着你一起去呼吸，吸气的时候，你要感觉到你身体的皮肤随着你的肺一起呼吸吸气……吐！(音乐声调大)……尝试着用你的腹部帮助你的肺一起排气好，现在我们尝试着，用你的丹田，让你体内的空气，能够随着你自己的呼吸变得均匀而缓慢……(教师柔和地说)现在，让你的眼睛能够闭的更安详，自在……让你的头皮，进一步的放松……(教师柔和、低语)让自己慢慢地回来。(结束)

3. 高考减压音乐治疗的摆渡原理

我们专门为高考学子研发了针对高考减压的音乐治疗流程，其中音乐治疗的摆渡技术是我们创立的本土化音乐治疗的核心理念，下面把高考减压的音乐治疗摆渡原理详细介绍给大家：

在压力环境中，一般会有两种可能性。第一种就是在压力的前期，生理的反应和心理的反应会让一个人焦虑；第二种，长期的焦虑会让部分人产生抑郁。任何一个求助于我们的高考减压学子，要么是焦虑，要么是抑郁。无论是焦虑还是抑郁，对中医的情绪管理而言，焦虑是要把它从上往下移，抑郁是要把它从下往上移。所以第一首歌曲的选择首先是要能扰动的歌曲。也就是说这首歌应该是饱含情感的。能够让情感得到扰动，当来访者的情感能得到扰动，他才会上我们的音乐的船。所以第一首歌曲应该是能够和高考考生产生共情，并能够扰动情绪的作品。

请大家注意听第一首音乐的开头。开始是密集和连贯的编曲风格。这会让我们的情绪始终处于奔走的状态，在情绪之间没有断裂开的地方。因为假设一首歌曲是断裂的，不够连贯的，那么给人感觉会是很多东西被卡在那里了，我们假设任何一个心理不健康的人都会有被卡住的地方，所以说首先我们不管用什么，就像是一阵风也好，就像是一阵雨也好，就像是一支流淌的泉水也好，总之我们要让它流淌起来，而且流淌的时候要无缝，紧密地随着音乐向前走，让人感受到始终是音乐带着我们跑，让我们没有机会去思考，也就是说一开始就要让来访者跟着我们进入情绪状态，而不是理智状态。因为过于理智化也是一种防御，而过于理智化的来访者无法上我们的音乐这艘船。当我们给他一支密集的音乐带着他往前走的时候，就好比我们在做催眠。在催眠的过程中，我们要对来访者不断地说：“好，注意你的眼神，你的眼神要跟着我走，注意看。”我的语言会非常密集。而且语言之间没有缝隙、完全闭合，我会用大段的语言不停地说，这是为了吸引来访者注意力。第一首音乐前面用钢琴演奏也是为了用大量密集的音乐让来访者不至于走神，不至于理智化。让他们始终注意力跟着我们是为了让来访者的注意力与我们保持一致。导语：“大家注意听，再往下打击乐器进入了。”（打击乐器进入的好处：焦虑的人情绪有很多波动，情绪无序。打击音乐能让来访者无序的冲动变得很稳定。音乐的稳定节奏能让无序的神经冲动稳住，抑郁的人听到稳定的音乐会变踏实。）

第二首音乐，刚开始的声音是闹铃的声音。为何选择这样的音乐，因为高考前的学生总是被闹钟吵醒，或者总是在各种考试中反复受到铃声的刺激，所以会对声音敏感，我们要处理对铃声的脱敏。如果这时候有的人是神经症的考试焦虑，心理就会进入敏感状态，跟声音有关和跟时间概念有关的都会过敏。大家学过行为疗法或暴露疗法都知道：铃声会让神经过敏的来访者立即进入过敏状态。脱敏是先进入敏感状态，然后再放松。时间和闹钟有关，还和考试有关。有些考试焦虑的人，坐在教室时焦虑提高，打铃之后焦虑还提高，焦虑程度是逐渐提高的。在这里我们将使用音乐治疗的行为主义技术——音乐压力免疫接种程序。像在生物学里，我们会给人注射疫苗，让这个人对某东西产生免疫。而心理学的免疫，是指提前植入焦虑的情境，在焦虑情境下脱敏，使得他不再焦虑。因为他已经敏感过了，这就叫音乐治疗之压力免疫接种程序。现在我们跟着音乐往下走，听着铃声，紧接着是丁零零的铃声，渐变成音乐声音，也就是说在这里我们完成了一件事情，把引起过敏恐惧的焦虑情景悄悄变成了无害的让人感觉舒服的音乐声音，这是一种巧妙的情绪转换。而这种情绪转换是在潜意识下不知不觉完成的。这就是情境的脱敏。脱敏还有个功能就是将注意力集中在心窝处:适度焦虑增加学习注意力,所以让抑郁心境向上提升,先升到心窝。而焦虑过度会头疼,所以要让焦虑下降到心窝,但不能降太快。焦虑的人心跳加快。觉察到压力时,压力就会缓解。觉察到心跳时,就会缓和,所以要有意识地去觉察这部分。从身体和认知两方面去保持觉察。认知的觉察是认知治疗的要求,而身体感受的觉察是格式塔治疗的要求。

第三首歌的方法是让来访者注意由心房降到中脘的位置,我们开始降低焦虑的等级,这里我们把音乐治疗与中医的情绪养生结合,即注意力由头部往下降,调节植物神经变得平和与平缓,但是我们不可能使来访者瞬间把焦虑从头顶降下来。所谓摆渡就是一条船,一首音乐一首音乐往下降。考试焦虑和其他的压力治疗是不一样的,有一些是在脱敏恐惧环境,比如说社交恐惧,还有 PTSD 的治疗等,是想让压力尽可能完全缓解。但是考试焦虑治疗,我们并不是让焦虑完全缓解,因为考试本身还没有进行,考试还有一段时间,要让来访者认识到考试是要到 6 月份才到来的,所以不可能做到完全消除压力,就像这支曲子,是有焦虑和兴奋度。把注意力放在中脘部位,让压力值保持不超载的限度。给你一个刺激,但要求你的水有微微波澜,控制在一定程度就好。这首歌就是有一定的刺激,但是要求把注意力放在中脘。还有一点,之所以选择这首歌曲还有个背景原因,这首歌是从动漫里面选的,因为我们的对象是非常年轻的,要能激活他们的情结,能够使他们保持放松的心情,激活年轻人,要用他们的文化,要用年轻人熟悉的东西,用他们看过的动漫作品音乐。配乐时要匹配群体文化背景,这就是配第四首音乐的原因。

现在开始听第五首,大家会发现听完这首曲子会突然让人长吁一口气,节奏缓和下来了,这就是音乐的魅力。音乐调整人的植物神经,这是不需要人思考的。不需要经过你的大脑同意就像是我们医生给病人用药一样,不管你是否愿意,药就用进去了,所以这首歌曲一进来马上就会使人缓下来了,但是这首歌曲是让人缓下来并不是让人进入没有情绪的停滞状态,它仍然可以充分地扰动考生。虽然我们让节奏缓下来了,但是高考这个应激事件不可能消失。情绪会有波澜、冲突、郁闷、烦躁等,将冲突放慢,能够被考生承载。

大家一起来听一下感受:听完一小节,刚好在40秒时动机结束,这就叫作完成了。完整的轮回,在音乐治疗心理学里面叫音乐的格式塔,又叫释怀。是情绪上的完形,情绪释怀。0～40秒是一个完整的释怀。大家来注意体验情绪的这部分。前20秒音乐充满了惆怅,但是20秒后音乐发生了变化,也就相当于人的情绪有了个突破,情绪的突破是指人的情绪发展突然走向了更高的部分,而更高的部分在艺术治疗里相当于一个人创造性的东西出来了。在情绪里是一种象征,情绪里做了一个尝试和突破的努力,这部分是在潜意识里的,觉察不到。突然出现的高音让人欣喜。突然出现了个"surprise",惊喜后又回到原地,一个完形就实现了。音乐层层递进,后面给了更多惊喜:其实你不用担心,生活总会关上一个门又给你打开一扇窗。注意力集中在中脘,焦虑下降,抑郁上升。扰动情绪,又给了惊喜,然后回到原地,进行释怀。

接着第六首音乐中雨声响起来,有点抑郁,对于焦虑很长时间又转向抑郁的人很有帮助。雨水给他一个可以沉静的地方,类似一个人想向前冲,需要给他一个心灵的避风港,让他允许自己的悲伤出来,但是这种悲伤和抑郁是有限度的,因为这首歌中抑郁是被控制在一定范围内的。对焦虑而言,水又让人清灵起来。配合意象,感觉雨水从身体内部淋下去带走疲惫,带走不安。这也可以称为心灵的排毒。焦虑和抑郁者都要配合呼吸。呼吸不是最主要的目的,重要的是给他空间让他休息。负面情绪有其存在价值。

接下来听第七首，意义较第六首更完形，更丰富，因为加入了人的声音。存在一个社会支持系统的隐喻，是成年女性的声音。在哼唱，对于高考学生而言，象征着一个在陪伴的女性形象。这部分可以让人退行，让人觉得安稳，允许一个来访者在这里睡一会，也可以配合做一个呼吸训练，注意呼吸，注意身体。

第八首歌，来访者可能疲劳了，让他睡一会，尝试注意自己的呼吸。行为治疗和格式塔治疗里需要注意自己的身体，做两个音乐治疗的两个经典技术：第一是眼动，音乐跳跃性强，眼动要在咨询师的指导下做，并在想象中去完成。此行为治疗可做两次，第一次是行为，第二次换成意象。好像是有东西在水中间，有一部分慢慢地往上飘，还有一部分逐渐地沉下去了，想像泡腾片。一部分往上走，一部分往下走。轻的东西浮上去，重的往下沉。此曲音乐密度高，适合眼动脱敏和手部的反应。

第九首歌曲，把注意力放在下脘时就容易了，这是因为第八首歌曲的过渡，第九首完成了第八首的分层，心的飞扬。心灵沉稳在地上，既不焦虑，也不抑郁。注意听，如何把情绪和心灵分开。低的在低的地方，高的在高的地方，进而情绪稳定了。随着第十首音乐，来访者进入认知层面了，想起了自己的资源，生活中很多东西可以进入考试中来，学习是一种生活。不要把学习和生活分开。

第十首歌曲尝试做认知的调整，去引导来访者发现内在的资源。这首歌曲创造力非凡。就像“狂想曲”一样，放飞思想，“什么都可以试试”，可以发挥人的巨大潜能，挖掘自己拥有的资源，让人产生无所不能的癫狂状态，这是音乐治疗的高峰体验。

最后第十一首歌曲运用了音乐治疗之格式塔时间线技术，让人摆脱了目前的困境，给来访者一个夏天的感觉。因为刚好高考完后进入夏天，先给他一个美好的意象，用未来引导现在，高考完后这个暑假我可以做些什么。这首歌的前面部分音乐类似儿歌，用成对的音乐结构化要素配对,让人回忆小时候在池塘捉鱼捉虾,跳跃性的音乐,美好想象,让人变得轻松。接着往下听,在认知上进行引导:让来访者把消极应对变为积极应对。怎么把消极应对变成积极应对,来迎接美好的暑假呢?用具体的行动来代替失眠和焦虑,让来访者在音乐中完成这个导向未来的意象。

上面是一个完整的高考减压音乐治疗的摆渡原理介绍,需要接受过我们专业的音乐治疗师学习与培训的学员去实施,才可以有专业的保证与更好的疗愈效果。

赵小明

校园危机干预方案

给生活一双翅膀

——青少年嵌入式危机干预框架

方案理念

心理学家比昂说过:现实是由梦创造的,有什么样的梦将会创造什么样的现实。青春是一个造梦的季节,随着身体的悄然改变,梦想也在不经意间孕育。独立的自我意识越来越强烈,现实却又不得不依赖父母的养育,学校的规范,环境的约束,理想与现实的差距无法有效解决就会出现大大小小的心理冲突。如果心理冲突不能及时识别与转换,就会让问题升级,一个最敏感与直接的反映就是近年来青少年自杀的比例不断上升,因为青春期的归属感需求增强,中学生自杀事件更容易引起"韦特"连锁效应,给学校、家庭及社会带来难以预料的潜在危机。

因此如何有效识别与预防青少年自杀事件迫在眉睫。本方案整合了认知心理学、情绪心理学、组织行为学、社会心理学等心理学理论,针对青少年身心发展的特点,科学系统地设计青少年心理健康维护及危机干预与预防框架。在有效应对危机事件的同时,更侧重于预防,精准测算青春期学生生理、心理、情绪的危机点,系统针对每一个压力峰值临界点设计"身心减压阀",在心理压力达到峰值前进行嵌入式减压,将"心理病灶"消除在萌芽阶段。让学生能够快乐地生活,高效地学习,有效应对突发事件,提升学生整体的心理健康水平。

方案特点

这份青少年嵌入式危机干预框架运用深度心理学最经典的理论，研发出健康的潜意识工作步骤，提出潜意识意念植入法，在日常学习生活中埋入健康快乐的“心锚”。这种穿越意识层面与潜意识层面的双向设计是目前国内最前沿的危机干预系统。

方案目标

1. 嵌入式减压，科学有效地释放学生身心压力。

2. 激活学生内在生命资源，寻找快乐密码。

3. 增强学生情绪分化能力，提高情绪管理能力。

4. 提高学生人际沟通能力，建立和谐的人际关系网络。

5. 培养学生自我觉察，完善人格。

6. 唤醒学生热爱生活、尊重生命的人生态度。

方案实施

第一阶段：危机干预期（两周以内）

一、应激源的排除

1. 排查自杀学生周末的人际群体，以及最近1~2个月传播的容易引起自杀的负面信息。（手抄本、电影、书籍、游戏、学生间的生活欺辱与自卑事件。此环节由学校老师实施、专家指导。）

2. 对目前自杀学生周围的紧密人群，甚至扩大到整个校园进行正面信息引导。（全面利用学校各种媒体——如广播、宣传栏、校园环境背景音乐传播励志积极信息，同时确保所有学校教职员工不可在语言中传播自杀死亡等负面词语。此环节由学校管理层组织实施，宣传内容由专家与心理健康老师指导。）

3. 非公开的排查学生中的危险人群，并使用正面赋予的方式。与包括危险人群在内的5倍以上的学生谈话，谈话的名义是赋予其帮助他人的责任，让每个班选出5人左右的团体小组，协助老师帮助同学组织各种减压活动。（此环节由心理健康老师组织实施、谈话技巧专家指导。）

4. 在全校范围内开展结对子活动——心灵伙伴：要求每个学生写出：“遇到学习困难时我可以求助谁？遇到生活困难时我可以求助谁？

遇到烦心事,我可以找谁谈?"每个人都要安排一个人结成紧密对子,互帮互助,包括生活、学习等各方面。(结对子时要考虑自愿程度、性格匹配等多因素。此环节由学校管理层实施,心理专家指导。)

5. 排查教职员工中具有负面情绪严重者,可以采取临时休假、调课等方式,尽量将情绪阳光的老师安排在下午与晚自习时间。(此环节由学校管理层排查,心理健康老师指导。)

二、嵌入式减压设计

1. 生理情绪减压。

(1)每天上午第一节课开课前的3分钟做情绪清新放松处理(9+1呼吸法、音乐面部瑜伽、音乐注意力训练法、音乐意象放松、音乐EFT球野训练。此环节由心理专家指导,班级老师实施。)

(2)每天上午两节课后的中间休息时间实施情绪减压。(模拟钢琴演奏、额叶快速活跃法、音乐指挥家、音乐人际沟通、音乐价值观澄清。此环节由专家指导,班级老师实施。)

(3)下午第1节课开始前2分钟进行音乐眼动脱敏处理。(此环节由专家指导,班级老师实施。)

(4)晚自习开始前5分钟:手语舞。(怒放的生命、感恩的心、生命列车、我有一双隐形的翅膀。此环节由专家指导,班级老师实施。)

2. 认知调整。

(1)潜意识认知植入:每天开课前学校主题背景音乐:《我要飞得更高》等积极音乐。

(2)每天下午课程结束前5分钟:朗读青少年励志格言。

(3)在危机前二周内,每周选择三天实施三个主题日:感恩日、生命关怀日、手牵手互助日、祝福漂流瓶、梦想传递日、师生共舞日。(此环节具体实施细则由专家指导,心理老师组织,全校参与。)

三、危机干预大型主题式心理团体活动

1. 生命列车:生命中让人感动的故事连环画,全校将所有的生命画连在一起排成列车。

2. "爱自己"讨论会及"自我认证协议书":如果有自我伤害的想法

时,可以求助的对象有谁?并设计“自我认证协议书”。

3. 青春乐园:塑造个性自我,设计学习型校园与乐园。

4. 十年以后:展望未来,点燃希望。

5. 怒放的生命:手语舞动,身心调整,情绪升华(此环节具体实施细则由专家指导,心理老师组织,全校参与。)

四、个别访谈与小组访谈

个别访谈创伤干预人员(10个左右)小组疗伤团体。(每组12人以内专家实施。)

第二阶段:稳定恢复期(两周之后到二个月以内)

1. 主题班会设置:以人际沟通、我的人生我指挥、生命符号等心理隐喻活动,埋入积极心锚,激发学生自身潜能,提升正面积极情感。(此环节由专家指导,心理老师与班主任实施。)

2. 校园内开展阳光心灵教师的活动,由学生评选出10~20名老师。由这10名老师为心灵知心人,作为学生心灵求助对象。(此环节由心理老师指导,学校组织实施。)

第三阶段:情绪稳定与危机预防期(二个月之后)

1. 建立全体学生的心理健康档案。

2. 嵌入式减压持续进行,频次可以减少。(见危机干预期)

3. 主题班会设置。(见稳定恢复期)

4. 民主家长会、亲子主题式体验。(专家指导,心理健康老师实施。)

五、心理资本增值计划

1. 心理资源网络。

(1)信息交流:校长信箱(网络平台)、知心姐姐热线(此环节由专职心理老师指导,学校老师组织实施。)

(2)社会支持系统。

A. 心理互助员

学生班级团队中的“心理互助员”、班级“心理互助员”(或称“心理委员”)是经过一定心理辅导知识和技能培训的,在班级中有较强交往能力的学生。他们的培训活动可以团队或兴趣小组的形式进行，受学校心理健康教育教师的指导和管理。当发现有自杀意念的同学和朋友时，他们能及时向学校心理健康教育教师反映，从而形成自杀事件预防与干预的预警反应。（此环节由学校心理老师组织实施。）

B. 班主任和学校团队工作者

学校班主任和学校团队工作者队伍在近期接受专家培训，内容包括心理健康、心理辅导、心理危机干预的理论与技术，使他们成为学校自杀事件预防的主要组成部分。这些直接从事学生思想品德教育和学生管理的教师与学生接触密切，也比较容易得到学生的信任。只要对他们进行有计划的、有目的的培训，就能有效提高校园自杀事件预警的反应灵敏度。（此环节由专家授课。）

C. 学校心理健康教师

学校心理健康教师要认真做好有冲突性事件爆发倾向（暴力、侮辱、自残等）学生的来访性心理干预，定时为学校教育管理者提供学生心理健康状态以及存在的重大心理问题，并接受专家指导。（此环节由专家授课或远程指导。）

D. 学校行政管理人员

对学生柔性执法，做好有关的心理沟通工作，日常工作中一定要在实施处罚的同时对受处罚的学生开展心理辅导工作。

（3）快乐自信密码的建立：校园阳光天使、美丽达人、金话筒主持人、模拟优秀老师授课等主题活动。（此环节由心理老师指导，学校组织实施。）

（4）放飞梦想、激活生命阳光："给梦一双翅膀"，校园设置专门的梦想创意墙，由各班级轮流设计，展示梦想创意，定期增加梦想元素，每季度设置两小时全校参与搭建梦想舞台大型团体辅导。（具体方案按心理成长阶段递进式设计，专家设计，专业心理老师指导实施，全体学生参与。）

赵小明

《生命教育》辅导实录

生命的火焰明灭时

——高中生命教育课堂实录

学校开设了一系列生命教育课程，目的是希望学生尊重生命、热爱生命、了解生命的意义进而丰富生命的内涵。社会背景是源于近几年媒体报道或身边屡见不鲜的自杀事件，通过讨论、分析、沙龙的形式，和学生一次次澄清自我的信念，自我的价值。

《LOVE LIFE》一段关于生命的故事：

如果你的生命，

只剩下一点点，

你会用什么态度去面对……

人生中难免遇上挫折与失败，

和片中三位可爱又勇敢的女孩所面对的状况比起来，

你是否更应该珍爱生命；

当你觉得寂寞孤单，

你的心将要破碎……

请你帮我们好好活着，好吗？

生命教育的最后一节课，通过视频开始与学生讨论死亡感受，不知道会给学生带来什么样的感受，更多的是学生对死亡的好奇还是对生的迷茫？高中除了要学习日后谋生的系统知识，也开始有了焦灼的寻找：我是谁？我来自哪里？我又该往何处去？甚至有学生直接就反问：

我这么辛苦的学习到底是为了什么?

再次引导学生体验当下的重要性,设计活动"生命枯萎",要求生命剩下时间只允许你做最后10件事情,你会做什么?并阐述理由。帮助学生意识到现在的重要性,心里的愿望在有机会的时候能够坚持,勇于追求。

生命教育在实施过程中,通过一次次影片的展示、一次次的讨论、一次次学生作品的展示、一次次学生作品的分享过程中,我们突然惊奇地发现:生命教育的过程,是深信学生可以自创命运的过程,是培育学生自创力的过程,是生命价值澄清的过程,是生命意义探索的过程,是提升学生承担挫折的能力的过程。学生的脸上呈现的笑容是对我们最大的肯定。

课程的最后请大家写一篇《死亡离我有多远》,通过文字,希望能听到学生的生命故事。

心理社成员高一班ZHT:

生与死不过一线之差,就如天才与疯子只有一念之差一样,活着的时候可以生不如死如同行尸走肉,死的时候也可以永远存活在人们心中,所以生与死只是在于你自己。

学生时代是人一生中花季年华,是最具有活力的一段时间。我们应该珍惜这段失去就再也不会回来的时光,利用这些时光来充实自己,丰富自己的文化知识,陶冶自己的情操,培养自己的综合能力,为自己以后为社会做贡献做好铺垫。在社会上,只有通过实现自己的人生价值,才足以证明你还活着;若每天与"狐朋狗友"在社会上鬼混,每天堕落不堪,不知所云,那与死了又有什么区别呢!

小时候,我们总是不懂生死,认为死亡这件事情似乎与自己完全没有关系,自己是那么有活力,爸爸妈妈看起来仍那么年轻,似乎死亡离我们很远似的。随着我们一天天长大,曾祖父曾祖母一个个离去,甚至有些爷爷奶奶也离我们而去,别家亦是如此,此时一向洒脱的我们不禁惊慌了,才意识到生命是那么得脆弱,死亡离我们并不遥远,它就在我们身边,时时刻刻可能发生!

有位哲人说过:死亡是一次旅行,只不过是一次不售回程票的旅程,另一个虚无缥缈的世界是我们永远的归宿,永远的灵魂栖息地。所以既然死亡天定,归期已定,为什么不让自己在这段仅有的时间里好好过完每一天,尽自己所能发挥自己的才能,实现自己的人生价值呢?如果能转而潇洒地把每一天当作归期,就会倍加珍惜眼前正拥有的分分秒秒。

高一班 ZXL:

生命是一个不断接受和被接受的过程,在人的一生中,你要学会接受快乐、美好、朋友、家人,当然还有困难、疾病、敌人。每个人的生命都不是完美的,所以上帝让我们穷其一生装点、完善自己的生命。也许你是残缺的,也许你异于常人,没关系,你还活着,你还有生命!

生命就像是一场寻宝旅行,每个人都走在属于自己的轨道上,寻找自己想要的东西,梦想?亲情?爱情?权势?还是金钱?每个人都有属于自己的宝物,可是有的人却因寻宝途中艰难重重而半途而废,有的人得到后却不珍惜,于是我们学会长大!

生命是未知的,不可预料的,所以有梦想就要付出行动,不要找这样那样的借口,也许你明天就出车祸离开了,或是有其他的灾难。所以生命不能等!

高二班 ZSK:

2013 年 2 月 18 日上午十点零五分,我们本来还沉浸在春节的热闹气氛中,却因为一个电话,所有的一切都变了。

从电话的那边,我们得知了二舅的噩耗。母亲顿时慌了手脚,外婆听后立即昏厥过去。

十点三十分，我们来到了医院。病房前的走廊上早已挤满了人。每一个人都面色凝重，眼眶红红的，明显有哭过的痕迹。两个表弟的眼泪早已流干，一声不吱的趴在病床前，或许是他们再也哭不出来了。病房中的气氛更是沉闷，压得我喘不过气来。望着病床上奄奄一息的二舅，我的眼眶早已被泪水充满。二舅见到我们来了，似乎有什么话要讲，嘴角在嚅动着，但是却没有发出丝毫的声音，我们只能通过二舅那微弱的眼神来猜测他的意思。

十点三十三分，仅仅过了三分钟，二舅那最后一丝微弱的眼神淡去了，心电图显示心脏停止了跳动。二舅走了，离开我们，离开了这个世界。在场的所有人都在呼唤二舅的名字，希望他能醒过来。我再也压抑不住自己的情绪，泪水夺眶而出。外婆无法接受二舅离开的事实，再度昏厥过去。医生用白色的床单将二舅盖住，那是我最后一次看见他的面容。

无论如何，二舅已经离去，再也不可能回到我们身边。那一刻，我人生中第一次感受到死亡的气息。

如果下一次，躺在病床上的是我，又会是怎样的结果？

死亡离我有多远？我不知道。也许很近，可能就是明天。

也许有一天，无情的病魔就夺走了我的生命；也许有一天，一起小小的车祸，我便离开了这个世界；也许有一天，我厌倦了这个世界而选择离去……

死亡离我有多远？我不知道，或许很远，可能是下一个世纪。

绝大多数的人对死亡是恐惧的，人们谈死色变。无论是怎样的恐惧，死亡是每个人都必须面对的。我不知道自己对于死亡持有什么态度。高兴？那是不可能的。害怕？可是我心中没有丝毫的恐惧感。一切的缘由是我总觉得死亡离我还很遥远，无法预知哪一天我会死去。

如果有一天，我知道了自己所剩下的时光，我会怎么办？是躺在医院的病床上，静静的等待那一天的到来。每天看着亲朋好友在我的面前泪流满面，而自己却束手无策？不，那绝对不是我所想要的。

如果真有那么一天，我只剩下了数日时光，我决不会躺在病床上，等着亲朋好友给我送葬。我会选择离开病床，离开医院，去我想去的地方，做自己想做的事情。过去有太多自己想做的事情，却因为各种原因，我不得不放弃，到那时一切的束缚都已被挣脱，没有谁可以阻止自己了。

我无法决定生命的长度，但可以拓宽生命的宽度。如果每天做着自己不愿做的事情，过着乏味的生活，就是再活一千年我也不会快乐；如果可以做自己想做的事情，即使明天我便踏上黄泉路，我也不会觉得痛苦。

人之所以不愿死去，是因为有太多的心愿没有去了却，在自己有生之年，将心愿了却。届时，面对死亡便会坦然。

死亡离我有多远？我不知道，也不需要知道。当死亡真正降临时，我已微笑着迎接它的到来……

高三班 WXT：

当我看到这个题目时，我顿时有点茫然，“死亡”一个对我来说有点遥远的词语，说真的，自己从未真正思索过“死亡”。但又看到越来越多年轻的生命，青春还未将至，就已步入死亡的殿堂，不得不说——死亡，是一瞬间的事情，可能上午你看他还是活蹦乱跳，开开心心，下午就已沉浸在白色的死亡之中，有时候，家人太过突然的死亡，会让身边爱他的亲人难以承受这种现实。不得不说，现实是残酷的，每个人都得去面对。

“死亡离我有多远”这种距离对我们每个人来说，都是无法衡量的，可以说这种距离特别近，就在我们身边，也可以说这种距离特别遥远，可能还需等上几十年。死亡的距离，我们无法下最后的定义。但人生无非就是两种选择，不是生，就是死，这就是人生！

说真的，自己有的时候很害怕死亡，不想自己在年幼的时候失去宝贵的生命，不希望身边爱我和我爱的家人丢下我离去，有的时候想到这些，自己便会安慰自己这不可能，但现在再问问自己，真的没有这种可能性吗？“死亡”很突然，往往没等我们做出反应之后，生命就已经结束，所以现在的我们应该珍惜生命，珍惜现在的家人，好好对待自己，好好对待别人，这就足够了！

如果真的要说死亡之前的时间，我要用来干什么？我很想拿这宝贵的时间，去陪家人，去陪我爱和爱我的家人，毕竟他们是我生命中最重要的人，如果没有他们，我不会来到这个世界，生命中更不会多姿多彩。可以说我生命中最重要的便是我的家人，我很爱他们！希望自己可以平平安安的度完自己的一生，在这旅途中，感恩父母，感恩社会，感恩爱我和我爱的人，一切顺利……

死亡到底离我有多远，我不知道，只希望自己在死亡之前，亲人们都安好，幸福，快乐，你们若安好，对我来说便是晴天!!!

高一班 SXF：

死亡
你瞧不见它
它躲在那儿
它躲在这儿

死亡
它可能是你转身时一辆飞驰而过的汽车
它可能是你寝室中一杯投毒的“纯净水”
它可能是你睡梦中一场无情的地震
它可能是你旅途中一辆翻下山崖的客车

死亡
没人知晓它何时降临

死亡

谁不愿意请它放慢脚步

死亡存在
光阴不返
窗外的阳光明媚
别因你此刻的消沉而错过
死亡离我们并不远
请尊重生命

高一班 LZX:

或许要不是心理老师布置的这个思考任务,我还从没有认真的想过这个问题。总觉得我们正处在风华正茂的年华,“死亡”这个词不属于我们,它只是七八十岁老人所要考虑的问题。

但,果真如此吗?

清明节身体硬朗的大伯只是在早上起床时摔了一跤,便永远的离开了这个世界。他有很多的遗憾,没看到老屋拆迁分下的新房,也没看到孙子的婚礼……前段时间,四川雅安突发地震,一瞬间上百条生命与世长辞,我相信他们也有许多遗憾,也有许多对这个美好世界的眷恋……五一假期去看了电影《致青春》,年轻的阮莞只是一个转身,美丽的生命便被碾压在了车轮下。她没能最后见一面自己喜欢的人,也没能见证自己永不腐朽的青春……

那么,死亡离我们还很远吗?

当死亡在一瞬间席卷而来时,你的心中会有许多未竟的遗憾吗?趁着生命力还旺盛的时候,去完成你想做的事情。《遗愿清单》里的主人公在大学时便列好了自己想做的事情,可直到病魔来临时,他才意识到要去完成那一份清单。也许,这就是每个人的心理,活着的时候总想着工作、挣钱,忽略了心底那个最初的自我。当死亡逼近时,才发现钱无法带走,却留下了遗憾。

不留遗憾，笑对死亡。

这是我所想要达到的状态。明天不可预料，但今天却可以充分把握。要清楚地意识到，死亡离我们并不遥远……

走在生命的原野，放声歌唱

大风刮过山冈，

不畏惧死亡的到来，

前面是无边的天空……

穿越时空的时间胶囊

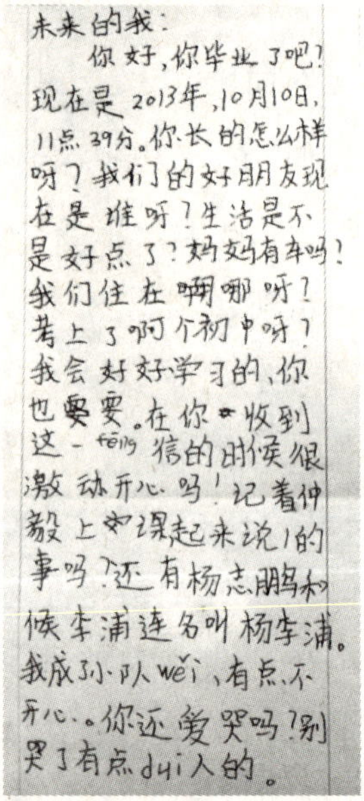

未来的我：

你好，你毕业了吧！现在是2013年，10月10日，11点39分。你长的怎么样呀？我们的好朋友现在是谁呀？生活是不是好点了？妈妈有车吗！我们住在哪呀？考上了哪个初中呀？我会好好学习的，你也要。在你收到这一封信的时候很激动开心吗！记着仲毅上课起来说1的事吗？还有杨志鹏和李浦连名叫杨李浦。我成了小队wěi，有点不开心。你还爱哭吗？别哭了有点dui人的。

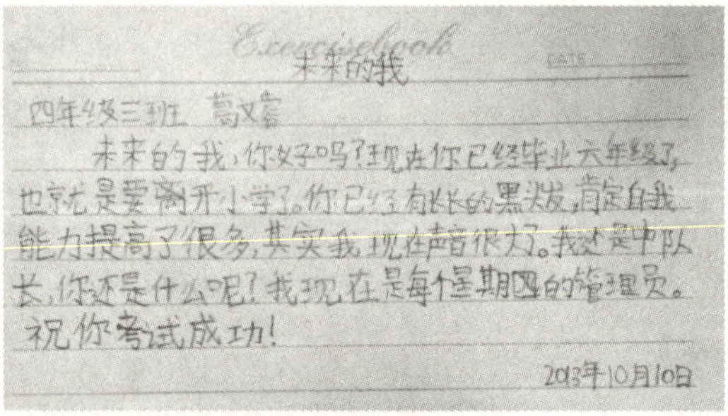

未来的我

四年级三班 葛文睿

未来的我，你好吗？现在你已经毕业六年级了，也就是要离开小学了。你已经有长长的黑头发，肯定自我能力提高了很多，其实我现在声音很大了。我还是中队长，你还是什么呢？我现在是每个星期四的管理员。祝你考试成功！

2013年10月10日

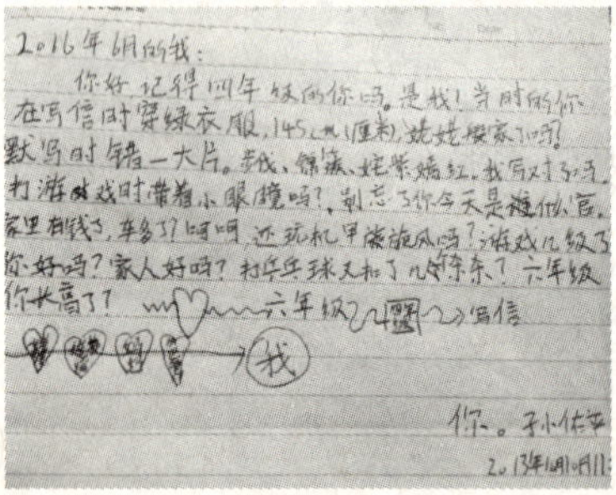

2016年6月的我：

你好 记得四年级的你吗。是我！当时的你在写信时穿绿衣服，145 cm（厘米），姥姥搬家了吗！默写时错一大片。李钱、徐康、姥紫嫣红，我写对了吗。打游戏时带着小眼镜吗？别忘了你今天是谁做官。家里有钱了，车多了？呵呵，还玩机甲旋风吗？游戏几级了你好吗？家人好吗？打乒乓球赢了几个李东了？六年级你长高了？六年级（2）班写信

我

你。孙小佑

2013年10月10日11:

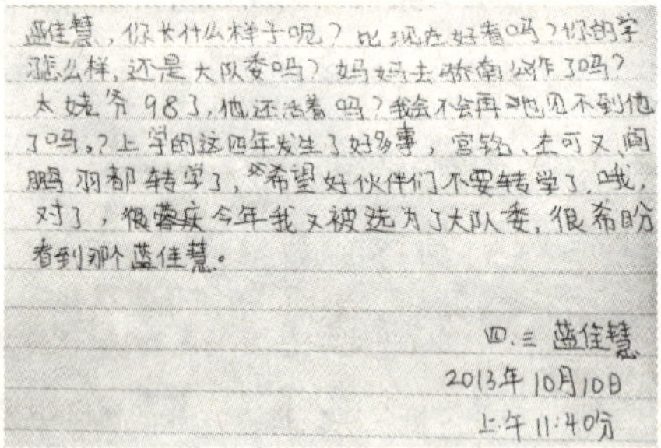

蓝佳慧，你长什么样子呢？比现在好看吗？你的学习怎么样，还是大队委吗？妈妈去济南工作了吗？太姥爷98了，他还活着吗？我会不会再也见不到他了吗？上学的这四年发生了好多事，宫铭、李可又、阎鹏羽都转学了，希望好伙伴们不要转学了。哦，对了，很庆幸今年我又被选为了大队委，很希盼看到那个蓝佳慧。

四.三 蓝佳慧

2013年10月10日

上午11:40分